THE SALERI

# CORRENTI INCROCIATE

Poetry from the English-speaking world
translated by students of the Humanities Department
of the University of Salerno

Poesie del mondo anglofono tradotte dagli
studenti del Dipartimento di Studi Umanistici
dell'Università di Salerno

Edited by / a cura di
Linda Barone e John Eliot

MOSAÏQUEPRESS

First published in 2021

MOSAÏQUE PRESS
Registered office:
70 Priory Road
Kenilworth, Warwickshire
CV8 1LQ

All English poems are the Copyright © of their Authors
All Italian translations are the Copyright © of their Translators

The right of the copyright holders to be identified as the authors of this work has been asserted in accordance with Section 77 of the Copyright, Designs and Patents Act 1998.

Series editor: John Eliot
Addtional translation: Sara Pallante

Cover image: Detail from *La Fenêtre,* Robert Delaunay, 1912
© Musée de Grenoble 2021

All rights reserved. No part of this publication may be reproduced, stored in a retrieval system, or transmitted in any form or by any means, electronic, mechanical, photocopying, recording or otherwise, without the prior permission of the publisher.

ISBN 978-1-906852-61-0

A way of putting it…
the intolerable wrestle
with words and meanings.

———————◆◆———————

Un modo di vedere la cosa…
l'intollerabile lotta
con parole e significati.

—TS Eliot, *East Coker*

## Contents / Indice

| | |
|---|---|
| 8 | Introduction / Prefazione |
| 12 | Journey... / Viaggio…<br>*Padmaja Iyengar-Paddy* |
| 14 | I Love You Not As / Ti amo non come<br>*Christopher Okemwa* |
| 16 | Self Portrait as a Wreck / Autoritratto come relitto<br>*Rachel Carney* |
| 18 | The Gate / Il Cancello<br>*Menna Elfyn* |
| 22 | Exposed Limestone Pavement / Campo solcato scoperto<br>*Catherine Edmunds* |
| 24 | How to Win at Kings Cross / Come vincere a Kings Cross<br>*Catherine Edmunds* |
| 28 | For My Grandfather / Per mio nonno<br>*David Cooke* |
| 30 | The Dresser / La credenza<br>*David Cooke* |
| 32 | Bangla / Bangla<br>*John Eliot* |
| 34 | At night I visit / Di sera visito<br>*Dónall Dempsey* |
| 38 | Captive Without Bars / Prigioniero senza sbarre<br>*Anuradha Bhattacharyya* |
| 42 | Of Mary Read / Mary Read<br>*Thomas Tyrrell* |
| 44 | A Cilician Pirate 57BC / Un pirata cilicio, 57 a.C.<br>*Thomas Tyrrell* |
| 48 | The Strait-Jackets / Le camicie di forza<br>*Pascale Petit* |

| | |
|---|---|
| 50 | Amish on the Pier / Amish sul molo  
*Richard Wilson Moss* |
| 52 | The Ride / L'attrazione  
*Richard Wilson Moss* |
| 54 | The Pear Tree / L'albero di pere  
*John Eliot* |
| 56 | Evening all day / Sera tutto il giorno  
*John Eliot* |
| 58 | Pandemic / Pandemia  
*Carmine Giordano* |
| 60 | Lost in Translation / Perso nella traduzione  
*Carmine Giordano* |
| 62 | This morning / Questa mattina  
*Christopher Okemwa* |
| 66 | Sketching by the River / Disegnando in riva al fiume  
*Laurence McPartlin* |
| 68 | The Wig Snatcher / Il ladro di parrucche  
*Thomas Tyrrell* |
| 70 | Wildflower / Fiore di campo  
*Camille Barr* |
| 72 | Messenger / Messaggero  
*John Eliot* |
| 74 | Hymn To Mastectomy / Inno alla mastectomia  
*Chrys Salt* |
| 76 | An End to Roaming / Una fine al vagare  
*Hedd Wynn* |
| 78 | snow / neve  
*Jeremy Gluck* |
| 82 | Stop Being Two / Basta essere due  
*Jeremy Gluck* |
| 84 | Survival / Sopravvivenza  
*Rachel Carney* |

86  Twenty-eight Meditations on Finding a Street Piano /
    Ventotto meditazioni sul trovare un pianoforte per strada
    *Catherine Edmunds*

92  Looking for Alyson / Cercando Alyson
    *John Eliot*

94  Death / Morte
    *John Eliot*

96  He comes in the morning... / Arriva al mattino...
    *Chrys Salt*

98  Lost: Iraq 2003 / Smarrimento: Iraq 2003
    *Chrys Salt*

100 What would you say if you knew? / Cosa diresti se sapessi?
    *Camille Barr*

102 Eradication of absurd wealth / Sradicamento da
    una ricchezza paradossale
    *Camille Barr*

106 Slave / Schiavo
    *Anuradha Bhattacharyya*

108 Babysitting in the Crematorium / Ninna nanna nel
    crematorio
    *Menna Elfyn*

110 Soul Song / La sonata dello spirito
    *Padmaja Iyengar-Paddy*

112 Dew Drops / Gocce di rugiada
    *Padmaja Iyengar-Paddy*

114 Physics / Fisica
    *Richard Wilson Moss*

116 Two Seasons / Le due stagioni
    *Richard Wilson Moss*

118 The Potato Eaters / I mangiatori di patate
    *David Cooke*

120 After Bruegel / Dopo Bruegel
    *David Cooke*

124 When the Curtain Falls / Quando cala il sipario
    *Christopher Okemwa*

128 Mr Kalashinov Regrets... / I Rimpianti di Mr Kalashnikov...
    *Chrys Salt*

130 Write 'peace'... / Scrivete 'pace'...
    *Chrys Salt*

132 After the funeral / Dopo il funerale
    *John Eliot*

134 Y Gwyd (Welsh / gallese)

136 Carco yn y Crem (Welsh / gallese)

137 Gorffen crwydro (Welsh / gallese)

138 The Poets / I poeti

146 Acknowledgements / Ringraziamenti

# Introduction

This is our second book of poetry translations with a Salerno connection and follows in the footsteps of the well-received *Canzoni del Venerdì Sera*.

We call this the Salerno Project because it started at the Salerno Literary Festival of 2019 when the English-speaking poet John Eliot, who lives in France, was invited to lead a translation workshop, supported by the EU's Erasmus Programme. He later described the day he spent at the festival in June 2019 as one of the most exemplary experiences of his literary life. The ambience and warmth of the coastal Italian city itself provided a perfect setting for a productive workshop with enthusiastic participants who, like the poet, didn't want the day to end.

And so, in a way, it didn't. A core of four participants, postgraduate classmates in literary translation at the University of Salerno, carried on working long-distance with Eliot. The result was a collection of 40 translated poems which Eliot's publisher, Mosaïque Press Ltd of the UK, agreed to bring out as part of its poetry chapbook series. *Canzoni del Venerdì Sera* had its launch at the Salerno Literary Festival of 2020.

There must be something special in the Mediterranean air, because the poet and publisher again found themselves looking for a way to keep the project going. The path led back to the literary translation course at the University of Salerno conducted by Prof Linda Barone, Assistant Professor of English Linguistics and Translation; the result is this book, a fortuitous merger of art and academe.

Translation has been described as "the main tool for global information flow, interaction and change" (*Re-visiting Translation*: Peter Lang, 2015). That tool evolves with society to "negotiate" meanings in the many subtle, complex and different situations that arise. In this environment, the translator

## Prefazione

Questo è il nostro secondo libro di traduzioni poetiche in connessione con Salerno e segue le orme del ben accolto *Canzoni del venerdì sera*.

Lo chiamiamo The Salerno Project perché è partito al Festival Salerno Letteratura nel 2019 quando il poeta di lingua inglese John Eliot, che vive in Francia, è stato invitato a tenere un laboratorio di traduzione nell'ambito di un progetto Erasmus+. Eliot in seguito ha descritto questa come l'esperienza più edificante della sua vita letteraria. L'atmosfera e il calore della città costiera italiana si sono rivelate un setting perfetto per un laboratorio fertile insieme a partecipanti entusiasti che, come il poeta, non volevano che l'esperienza finisse.

E, in un certo senso, non è finita. Un gruppo di quattro partecipanti al laboratorio, studenti del Corso di Laurea Magistrale in traduzione del Dipartimento di Studi Umanistici dell'Università di Salerno, ha continuato a lavorare a distanza con Eliot. Il risultato è stato una raccolta di 40 poesie tradotte che la casa editrice di Eliot, Mosaïque Press Ltd con sede nel Regno Unito, ha pubblicato nella collana di tascabili poetici. *Canzoni del venerdì sera* è stato lanciato e presentato al Festival Salerno Letteratura nel 2020.

Ci deve essere qualcosa di speciale nell'aria mediterranea perché il poeta e l'editore hanno cercato nuovamente di far andare avanti il progetto e il sentiero li ha riportati al corso di traduzione letteraria del Dipartimento di Studi Umanistici di Salerno di Linda Barone, docente di linguistica inglese e traduzione; il risultato è questo libro, una fusione fortuita di arte e accademia.

La traduzione è stata descritta come "the main tool for global information flow, interaction, and change" (*Re-visiting Translation*: Peter Lang, 2015). Questo strumento si evolve con la

becomes a gatekeeper and mediator for intercultural communication and understanding.

This role is seldom more critical than in the translation of literature, and specifically poetry. Here ambiguity and obfuscation can be deliberate; here oddments and word play spring from the poet's magic box of surprises. Such devices, designed to enhance the reader's enjoyment, can bedevil the translator aiming for accuracy in their interpretation of what has been written.

Fortunately for us, the readers of this book, our translators – all students of Prof Barone – have risen to the challenge presented by the 18 poets from around the world who have graciously provided work for translation. Some already appear in multiple languages; some write in a language other than English or Italian. All enthusiastically embrace the Salerno Project.

Translation is a skill and an art; anyone who has attempted it will understand the inherent challenges of shaping language to a predetermined meaning, adapting imagery and metaphor to fit. In doing so, the translator becomes a creator in their own right.

Art and craft combine for a new beginning. Let us celebrate ours.

società per 'negoziare' significati nelle tante, sottili, complesse, diverse situazioni che si presentano. In tale ambiente il traduttore diventa custode e mediatore di comunicazione interculturale e comprensione.

Questo ruolo è più fondamentale che mai nell'ambito della traduzione letteraria e in particolare in quella poetica. Qui, l'ambiguità e l'offuscamento possono essere intenzionali; qui, le stranezze e i giochi di parole vengono fuori dalla scatola magica piena di sorprese del poeta. Tali espedienti, progettati per accrescere il godimento del lettore, possono tormentare il traduttore che cerca di perseguire l'accuratezza nell'interpretare cosa è stato scritto.

Fortunatamente per noi, lettori di questo libro, i nostri traduttori - tutti studenti di Linda Barone – hanno accolto la sfida lanciata da 18 poeti da tutto il mondo che hanno gentilmente fornito i lavori da tradurre e che sono stati in contatto con gli studenti per sciogliere alcuni dubbi relativi ai testi.
Alcuni di questi poeti sono già stati tradotti in molte lingue; altri scrivono in lingue diverse dall'inglese o dall'italiano.
Tutti hanno abbracciato entusiasticamente il Salerno Project.

La traduzione è un'abilità e un'arte; chiunque ci si sia avvicinato è consapevole delle sfide intrinseche che nascono dal dover dare nuova forma a significati preesistenti adattando immagini e metafore. Nel fare questo, il traduttore diventa un creatore a pieno titolo.

Arte e mestiere si mescolano per un nuovo inizio e noi qui celebriamo il nostro.

# Journey...
*Padmaja Iyengar-Paddy*

Change of place
Change of faces
I thought would do good
But they did nothing to
To change my mood.

Wherever I went
My mind and thoughts
Travelled with me
Leading to naught
My "change" efforts.

I have decided
To let go
And to let
My thoughts flow
Into my poems.

Thus begins
My journey
With my muse
Of myriad poems
Of varied hues.

But I do miss
That cosy corner
Of my home
Where my muse and I
Played hide and seek.

## Viaggio…

*Traduzione di Milena Carifano, Miriana Covotta e Samuele Falivene*

Cambio di posti
Cambio di volti
Pensavo mi avrebbe fatto meno male
Ma non ha fatto nulla per
Per cambiare il mio morale

Ovunqu'io andassi
I miei pensieri e la mia mente
Viaggiavano con me
Annullando totalmente
I miei sforzi per "cambiare".

Ho deciso
Di lasciar correre
E di lasciar
I miei pensieri scorrere
Nelle mie poesie.

Così ha inizio
Il mio viaggio
Con quella musa
Di molteplici poesie
Dalle svariate tonalità.

Eppure mi manca
Quel comodo angolino
Di casa mia
Dove io e la mia musa
Giocavamo a nascondino.

# I Love You Not As
*Christopher Okemwa*

I love you not as one can love a bar of chocolate
Or a mango juice or a banana fruit or a mushroom
Or as one can love roasted groundnuts in a plate
I love you as one can love an exotic dream
In which the dreamer is in a wedding costume
And his bride is fair of face and is in full bloom

I love you not as one can love a moon-lit sky
Or a tall tree, or a blue sea or a star in the night
Or as one can love a grasshopper, a termite or a butterfly
I love you as one can love a red ray of sunlight
When the morning, like ripe tomato, bursts in the horizon
And the foot-steps of the last night are long gone

I love you not as one can love a song of a bird in the nest
Or the whizzing of a wind or the buzzing of a bee that flits
Or as one can love the whistling of a tree in the forest
I love you as one can love the sound of ghosts and spirits
Who live in the waters of the sea or dwells in the cemetery
And is heard rising and falling at night in a puzzle of mystery

I love you not as one can love the aroma of fresh coffee
Or the smell of raw soil or rotten leaves dumped in a pit
Or as one can love the fragrance of a rose or a lilac tree
I love you as one can love the smell of a lover's armpit
The erotic texture and the feel of its bushy hair
The moist and its rivulets of sweat when she is bare

I love you not as one can love a genius work of art
Or a sight of a magnificent city sprawled in the sun
Or as one can love a new pair of shoes, shorts or shirt
I love you as one can love an old tattered photo
In which one is a child playing in a puddle of mud
With an aura of innocence, honesty and Godliness

## Ti amo non come

*Traduzione di Roberta Limongi-Rizzuti, Antonietta Matarazzo, Emanuela Pagnozzi e Paola Stio*

Ti amo non come si ama una tavoletta di cioccolata
O un succo al mango oppure una banana o un fungo
O come si ama un piatto con un'arachide tostata
Ti amo come si ama un sogno esotico
In cui il sognatore indossa un abito nuziale
E la sua sposa è chiara in volto e al massimo splendore

Ti amo non come si ama un cielo illuminato dalla luna gialla
O un albero alto, un oceano cobalto o una stella nella notte
O come si ama una cavalletta, una termite o una farfalla
Ti amo come si ama un raggio di sole rosso
Quando il mattino, come pomodoro maturo, irrompe all'orizzonte
E i passi della notte trascorsa sono ormai lontani

Ti amo non come si ama il canto di un uccello nel nido
O il sibilo del vento o il ronzio di un'ape che svolazza
O come si ama il brusio di un albero nella foresta
Ti amo come si ama il suono di fantasmi e spiriti
Che vivono nelle onde del mare o dimorano nel cimitero
E si sente crescente e calante nella notte e nel mistero

Ti amo non come si ama l'aroma del caffè fresco
O l'odore del terreno grezzo o foglie marce in una fossa
O come si ama il profumo di una rosa o un albero di lillà
Ti amo come si ama l'odore dell'ascella di un amante
La trama erotica e il tatto della peluria folta
L'umido e i rivoli di sudore quando è scoperta

Ti amo non come si ama un'opera d'arte geniale
O la visione di una magnifica città distesa al sole
O come si ama un nuovo paio di scarpe, calzoni o camicia
Ti amo come si ama una vecchia foto sbiadita
In cui un bambino gioca in una pozzanghera di fango
Con un'aura di innocenza, onestà e Devozione

## Self Portrait as a Wreck
*Rachel Carney*

on days like this you might catch sight of her
out there amidst the pounding of the surf

as soon as she gets close things fall
    apart

she's caught    between the cliffs
their sheer impenetrable bulk

and the un-relenting fury
of her own bedraggled heart

observe    the way she flings herself against those rocks
each surge    more pieces breaking    falling off

observe    the calm resplendence of the cliffs
the beam of light    that turns and turns above

and turn it into words upon a page
a hollow warning    uttered out of love

## Autoritratto come relitto
*Traduzione di Gerardina Fruncillo, Simona Montepiano,*
*Virginia Vitale e Angelica Zottoli*

nei giorni come questo potresti scorgerla
là fuori tra le onde scatenate

non appena lei si avvicina le cose cadono a
    pezzi

è intrappolata    tra le rocce
il loro enorme inespugnabile carico

e l'implacabile furore
del su cuore in disordine

osserva    il modo in T lei stessa si scaglia contro quegli scogli
ciascuna onda    più pezzi che si rompono    e cadono

osserva    il sereno splendore delle rocce
il fascio luminoso    che volteggia e volteggia in alto

e le trasforma in parole su una pagina
un vano allarme    proferito dall'amore

## The Gate*
*Menna Elfyn*


Sometimes
a day like a lightning-bolt
will remind us that there's only
a breeze under the door between us and death. Yesterday,
men died, underground, and I remembered
my mother's sparing words:
1947: pit manager and foreman walking slow
down the village street towards her home.
The women watching either side of the street
to see which house was their journey's end.
But as she heard the gate close
my grandmother knew
the dark message that came with the knock on the door.

Today, I think of them both:
my mother, my grandmother, better understand
how they'd switch off any mention
of underground disasters the minute they started.
They remembered the closing of the gate.

And this afternoon, there's news
from a friend in Delhi who tells me
of the earthquake in Sikkim; how her parents
heard its murmur in Kolkata. Near and far
gates are opening, closing,
the end of their world for some, and the world
coming closer, drawing us to it. And every
ghost of a rumour, good or bad,
murmurs that we live through bolts,
some which close, some which wound.

At the end of the day,

## Il cancello*

*Traduzione di Gerardina Fruncillo, Simona Montepiano, Virginia Vitale e Angelica Zottoli*

A volte
una giornata come un fulmine
ci ricorderà che c'è solo
una brezza sotto la porta tra noi e la morte. Ieri,
degli uomini sono morti, sottoterra, e mi sono ricordata
delle parole lesinate di mia madre:
1947: il direttore della miniera e il caposquadra che
   camminavano piano
giù per la via del paese verso casa sua.
Le donne che sorvegliavano entrambi i lati della strada
per capire in quale casa il loro viaggio sarebbe terminato.
Ma non appena ha sentito il cancello chiudersi
mia nonna ha capito
qual era quel tetro messaggio che arrivava insieme al colpo
   sulla porta.

Oggi, penso a loro due:
mia madre, mia nonna, capisco sempre più
come abbiano smesso di accennare
ai disastri sotterranei nel momento stesso in cui iniziavano.
Ricordavano il cancello chiudersi.

E questo pomeriggio, è arrivata la notizia
di un'amica di Delhi che mi racconta
del terremoto in Sikkim; di come i suoi genitori
abbiano sentito il suo sussurro a Calcutta. Vicino e lontano
i cancelli si aprono, chiudono,
la fine del mondo per qualcuno di loro, ed il mondo
che si avvicina, che ci attira a sé. E ogni
benché minimo rumore, buono o cattivo,
ci sussurra che sopravviviamo ai fulmini,
alcuni ci sfiorano, altri feriscono.

we gaze for a long time at the still gate.
Given the blessing of peace for today.
For today, we were given peace.

*Original version in Welsh, page 134*

Alla fine del giorno,
fissiamo a lungo il cancello immobile.
La pace arriva come una concessione oggi.
Per oggi, ci è stata concessa la pace.

*Versione originale in gallese, pagina 134*

# Exposed Limestone Pavement
*Catherine Edmunds*

On the train to the Peak, we talk of deaths
we have witnessed, we wonder about the woman
who welds twelve-inch nails into works of art,
we touch on birth, sickness, apples, The Ipcress Files,
long-distance runners, blossom, fairies,
we avoid playing 'tell the truth'.

Windows stream, water goes the wrong way.
We discuss this, and the clouds that look like bears,
bleeding with wounds from incessant baiting.
Our hands touch as if by accident.
A magazine falls open at a page of Japanese cat furniture.
This fills the next ten miles.

We pull rucksacks from the luggage rack,
don cagoules, check the plastic covers of maps,
muse on the black gown submerged in the Dead Sea
for two months. Wonder how much nonsense
we can talk, but first we must walk the last
sodden bone-breaker walk.

The train grinds into the station.
A hawk sits on a wire, tearing apart its prey.
We have brought sliced bread,
Scotch eggs, tea bags and thermos flasks.

I didn't even like you much at first.
I didn't even want to have sex.
The sky thunders its fury and disgust and hurls its worst.

## Campo solcato scoperto
*Traduzione di Elio Di Iorio, Davide Esposito e Ivan Romano*

In treno verso il Peak District, parliamo delle morti
di cui siamo stati testimoni, riflettiamo sulla donna
che saldando chiodi da dodici pollici crea opere d'arte,
discorriamo di nascita, malattia, mele, Ipcress Files,
maratoneti, fioritura, fate,
evitiamo di fare il 'gioco della verità'.

I finestrini scorrono, l'acqua va dalla parte sbagliata.
Discutiamo di questo, e delle nuvole che sembrano orsi,
con ferite sanguinanti inferte da tormenti incessanti.
Le nostre mani si toccano come per caso.
Una rivista si apre ad una pagina di mobili giapponesi per gatti.
E passano così altre dieci miglia.

Tiriamo giù gli zaini dal portabagagli,
Indossiamo l'impermeabile, controlliamo le custodie delle mappe,
meditiamo sul vestito nero immerso nel Mar Morto
per due mesi. Mi chiedo di quante sciocchezze
possiamo ancora parlare, ma prima dobbiamo intraprendere
  un ultimo
fradicio e massacrante cammino.

Il treno stride nella stazione.
Un falco si posa su un filo, fa a pezzi la sua preda.
Abbiamo portato del pane in cassetta,
uova alla scozzese, bustine di tè e termos.

Non mi piacevi nemmeno all'inizio.
Non volevo nemmeno fare sesso.
Il cielo tuona la sua furia e il suo disgusto e scaglia il peggio
  che ha.

## How to Win at Kings Cross
*Catherine Edmunds*


The trick is to enter at Granary Square, to walk
the coloured tunnel that bends, round, ribbed and kindly,
and even though there is no part of me that does not hurt,
I can do this, I listen, listen, it's Sunday morning
and all I can hear is the rumble of tunnels, I've blanked out
the sound of people who do not care. My name?
No, I won't play that game. I'm old, old, old, and this
   is why
I hurt, this is why I play with ignorance, performance
as art, this is why I love Marina Abramovic, this
is why my daddy became a handsome Greek,
   my mother
a high-speed jig-saw, mad and honest, a spinster,
a pig, a thimble. The trick is to enter at Granary Square.

I've been here before, I'm aware of contradictions
but have to remember where to turn left/right, have
   to know
that this is the Northern ticket hall, look backwards,
remember signs and emotions, try not to hate him too much,
because this isn't Russell Square, there are no relics here,
nobody hides or laughs at the poor, we're far from
   Blackfriars,
can't slip into plague pits or swim out to catch
   the current
between the ancient piers, but concentrate! Left, then right,
and keep looking back, and on your return don't follow
the 'way out' signs to the right, turn left! That's how
   you win
at Olympic poetry, that's how I want you to hold me –
you don't have to like me. That's how you win your way
to the Regent's canal, where a swan and four

## Come vincere a Kings Cross
*Traduzione di Elio Di Iorio, Davide Esposito e Ivan Romano*

Il trucco è entrare a Granary Square, percorrere
il tunnel colorato che si piega, curvo, nervato e gentile,
e anche se non c'è una parte di me che non fa male,
posso farcela, ascolto, ascolto, è domenica mattina,
e sento solo il rimbombo dei tunnel, ho rimosso
il suono della gente indifferente. Il mio nome?
No, non starò a quel gioco. Sono vecchia, vecchia, vecchia,
    ecco perché
soffro, ecco perché gioco con ignoranza, la performance
è un'arte, ecco perché amo Marina Abramovic,, ecco
perché il mio papino è diventato bello come un greco,
    mia madre
un puzzle frenetico, pazza e onesta, una zitella,
una scrofa, un ditale. Il trucco è entrare a Granary Square.

Sono già stata qui, sono consapevole delle contraddizioni
ma devo ricordarmi dove girare a destra/sinistra, devo
    individuare
la Biglietteria Settentrionale, voltarmi indietro,
ricordare cartelli ed emozioni, cercare di non odiarlo troppo,
perché questa non è Russell Square, non ci sono reliquie qui,
nessuno si nasconde o ride dei poveri, siamo lontani da
    Blackfriars,
non possiamo scivolare nelle fosse comuni o raggiungere a
    nuoto la corrente
tra pontili antichi, ma concentrati! Sinistra, poi destra,
e continua a voltarti, e al tuo ritorno non seguire
i cartelli di 'uscita' sulla destra, gira a sinistra! È così che
    si vince
alla poesia olimpionica, è così che voglio che tu mi stringa –
non devo piacerti per forza. È così che ci si fa strada vincendo
fino al Regent's Canal, dove un cigno e quattro cignetti

   overgrown cygnets
are swimming at half the speed of gossip, quarter the speed
   of time,
'just looking for friendship' and doing well, no deaths
since Monday and no sexual contact. And me? I've won,
though I ache like Salcedo's crack in the floor of
   the Tate
and all Bourgeois' mothers have scuttled away.

troppo cresciuti
nuotano a metà della velocità dei pettegolezzi, ad un quarto
   della velocità del tempo,
'cerco solo amicizie' e sto benone nessun morto
da lunedì, e nessun contatto sessuale. Ed io? Io ho vinto,
anche se soffro come la crepa di Salcedo nel pavimento
   del Tate,
e tutte le madri di Bourgeois sono strisciate via.

# For My Grandfather
*David Cooke*

When I first came on a visit
to your limewashed house
– a clean-kneed child from town –
your two great fists

impressed me, for they
were ponderous chunks
of granite, notched
carelessly for fingers

and which, at your own willed
creation, you had torn
from the heart of the land.
Yes, I knew then how

you had risen and, separate,
must have kept on walking.
I was almost frightened
to be your friend, but still

am running so breathlessly
beside you as you stride
onwards, the castle of yourself,
across rough fields

of thistle and clover.
And the dogs are running
before us, and our laughter
creates again a flawless sky.

## Per mio nonno

*Traduzione di Mario Allegretti, Federica Petrosino,*
*Alessio Sorrentino e Serena Urti*

Quando venni per la prima volta,
la tua casa imbiancata in calce,
– da candido ragazzo di città –
ad impressionarmi furon

le tue grandi mani: due
poderosi ammassi
granitici, scolpiti
rozzamente per le dita

che, per tua volontà,
hai strappato
dal cuore della terra.
Si, allora capii, come

ti fossi eretto e, sradicato,
avessi continuato a camminare.
Ero quasi spaventato
ad esser tuo amico, eppure

corro ancora a perdifiato
al tuo fianco, mentre incedi,
il castello del tuo essere,
attraverso brulli campi

di cardo e trifoglio.
E i cani corrono
davanti a noi, e le nostre risate
ricreano un cielo impeccabile.

# The Dresser
*David Cooke*

The shrine and archive of those who had gone,
the dresser loomed imposingly, hogging
its space – their one attempt at opulence
in a room that was otherwise spartan.

Ranged above it, in a gap left beneath
the ceiling, there were portraits of couples
who had tied the knot elsewhere: brides and grooms
in cheap suits they'd wear again on Sundays.

Pushed to the back of a shelf – half-hidden
behind unsorted papers and the pots
for pins and pens – a girl in a white dress,
her image silver-framed, clutched her missal

in a gloved hand, staring back awkwardly
through jumble. A repository for anything
too highfalutin for everyday use,
it housed the china they laid out for guests –

the loaded Yanks, who were distant cousins
trying to find their 'roots', or English kids
whose accents wavered between two places;
their mums and dads who were sons and daughters.

Stashed away, alongside the cutlery,
the lace, and a stiff, folded tablecloth,
there were biscuit tins that bulged with photos
in which the poses always seemed the same.

## La credenza

*Traduzione di Mario Allegretti, Federica Petrosino,
Alessio Sorrentino e Serena Urti*

Il reliquiario e il tabernacolo di coloro che sono andati,
la credenza si ergeva imponente, dominando
il suo spazio – loro unico tentativo di opulenza
in una stanza altrimenti spartana.

Sopra di essa, in uno spazio
sotto il soffitto, ritratti di coppie
convolati a nozze da qualche parte: spose e sposi
in abiti modesti che avrebbero rindossato le domeniche.

Stipata in fondo lo scaffale – semi-nascosta
dietro fogli disordinati e contenitori
di penne e spille – una ragazza in abito bianco,
racchiusa in una cornice di argento, stringeva il suo

messale, in una mano guantata, fissando impacciata
attraverso quel disordine. Un ripostiglio per tutto ciò
che fosse troppo pretensioso per l'uso quotidiano,
custodiva le porcellane tenute da parte per gli ospiti –

gli Yankee straricchi, loro lontani cugini
in cerca delle proprie 'radici', o i bambini inglesi
i cui accenti oscillavano tra due luoghi;
le loro mamme e i loro pardi, a loro volta stati figli e figlie.

Nascoste tra le stoviglie,
tra il pizzo, e una rigida tovaglia ripiegata,
c'erano scatole di biscotti stracolme di foto
le cui pose sembravano sempre le stesse.

# Bangla
*John Eliot*

Magnifying the invisible deed
Actions show a sign of remedy
True or false
Transient sustainable
Cycling a point
From the tower
Pending a pendulum
Like my heart
Tick tick tick
Let sky come to earth
Yellow rain beats a thunder
Finding no solution
Only devotion

# Bangla
*Traduzione di Antonella Gambardella e Asia Troiano*

Esaltando l'invisibile opera
I gesti mostrano un segno di rimedio
Vero o falso
Transitorio sostenibile
Pedalando per uno scopo
Dalla torre
Pendendo un pendolo
Come il mio cuore
Tic tac tic tac
Lascia che il cielo venga alla terra
Che la pioggia ambrata batta su un tuono
Trovando nessuna soluzione
Solo devozione

# At night I visit
*Dónall Dempsey*


At night

I visit

the village
in which I was

born.

I float
above rooftops

dive into the house
next door

to my own
little home

swim down streets
with all the swagger

of a fish
amongst coral reefs.

It lies to the northwest
but is submerged

beneath the waters
behind a dam.

Each night
I visit it

## Di sera visito

*Traduzione di Carmen De Rosa, Annamaria Guercio
e Antonella Pontecorvo*

Di sera

Visito

il villaggio
dove sono

nato.

Galleggio
sui tetti

mi tuffo nella dimora
di fianco

alla mia
piccola casa

sguazzo per le strade
con tutta la spavalderia

di un pesce
tra le barriere coralline.

Si trova a nord-ovest
ma è sommersa

dalle acque
dietro una diga.

Ogni sera
lo visito

leaving my body
behind

drifting in dreams
diving beneath the waters

of the Past
(swimming where) I used to walk

trying to remake it

memory by memory
tear by tear.

lasciando il mio corpo
indietro

lasciandomi trasportare nei sogni
immergendomi nelle acque

del Passato
(nuotando dove) una volta camminavo

provando a riviverlo

ricordo per ricordo
lacrima per lacrima.

## Captive Without Bars
*Anuradha Bhattacharyya*

A piquant whistle
Has shattered the panes.
The window, perpetually open
Confides secrets of the world
Indiscriminately now.
What bricks and stones
Could not, did the whistle.

Poor frames, stultified
Hang motionless.
No more easy rejoicings
Of shut-in content.

A captive without bars, now
Invade hot tongues of secrets,
Hot, over-ripe sauce:
Scarlet, green and yellow;
Poor fellow without panes
Scare-crowed.

Hollering demi-abstracts
Shuffle down the streets.
Logos garb crabbed
Physiognomies.
Clamorous claims of
Badges, stamps, certificates
Of earned achievements
Invade slumbering calm within.

Diminishing returns -
Physical prowess:
Throat, fists, feet,
In respective departments
Signalize settled signifiers.
Dogs begin to howl

# Prigioniero senza sbarre

*Traduzione di Luca Pontillo, Federica Testa
e Michela Trerotola*

Un piccante fischio
Ha frantumato i vetri.
La finestra, perpetuamente aperta
Confida segreti del mondo
Indiscriminatamente ora.
Ciò che i mattoni e le pietre
Non poterono, fece il fischio

Povere cornici, imprigionate
Restano immobili.
Mai più gioie facili
Di contentezze rinchiuse.

Un prigioniero senza sbarre, ora
Invade calde lingue di segreti,
Calda, salsa molto matura:
Scarlatta, verde e gialla;
Povero tizio spaventato
Senza vetri

Grida semi astratte
Si trascinano per strada.
Fisionomie definite da parole
Inadeguate.
Clamorose rivendicazioni di
Distintivi, francobolli, certificati
Di successi ottenuti
Invadono l'assopita calma all'interno.

Rendimenti decrescenti
Abilità fisica:
Gola, pugni, piedi,
Segnalano significanti precisi
Nelle rispettive funzioni.
Cani iniziano ad ululare

The frames hang mute.

A captive without bars;
Choices clamour chaotic
Provisions, pick or refuse -
Peaks or rebukes.

Entered and fumigated
Roaring monsters exhale
Venomous fumes;
Where cats pawed scratchless,
Now chase rats, play
Chain, chain, I spy you games.
Creepers extend
Clutching fingers;
Warbling puddles
Of precipitated
Aphrodisiac steam
Peep and splash in.

Metal rusts, wood rots,
Brick crumbles, glass breaks,
A weak thread knotted
Through and through,
Perplexed, strained,
Quivers and bursts.

Barbed wires answer not
The barrier required.
Nor do netted nylon,
Nor leather curtains.
The rat chase has multiplied
To reptiles and predators.

Swarms of lies, come
Wolfing jaws gaping
At ephemeral joy
Inside, now exposed
By defenceless frames -
Woesome inevitable days.

Le cornici se ne stanno mute.

Un prigioniero senza sbarre;
Le scelte reclamano caotiche
Misure, prendere o rifiutare
Culmini o rimproveri.

Entrati e disinfettati
Mostri ruggenti espirano
Fumi velenosi;
Dove i gatti palpavano senza graffiare
Ora inseguono ratti, giocano
Catena, catena, i giochi delle spie.
Le rampicanti si estendono
Stringendo le dita;
Pozzanghere gorgheggianti
Di precipitose
Afrodisiache condense
Di fiato e si tuffano dentro.

Il metallo arrugginisce, il legno marcisce,
Il mattone si sbriciola, il vetro si rompe.
Un debole filo ingarbugliato
In tutto e per tutto,
Perplesso, provato,
Freme e si brucia.

I fili spinati non rispondono
A ciò che la barriera richiede.
Né nylon retato,
Né le tende di pelle.
La caccia al topo si è moltiplicata
Per rettili e predatori.

Sciami di bugie, vengono
Divorando mascelle spalancate
All'effimera gioia
Dentro, ora esposte
Dalle cornici indifese
Disgraziati giorni inevitabili

# Of Mary Read
*Thomas Tyrrell*

Kiss me Anne: the blaze of your mouth rekindles
fire and hope. To hell with our craven crewmates,
just as pirate-hunters have found and caught us,
drunken and useless!

Hanging frights me not in the least, but losing
you appalls me, Anne. Yet I'd alter nothing
had I power to abolish the laws that sentence
us to the gallows.

For, I think, if not for the noose, the oceans
were as choked with timorous rogues as England.
Merchant ships would hide in their ports and pirates
starve for employment.

We would never meet: I would still be fighting
for King George in Flanders, my sex unthought of,
you in marriage chained to a sailor-husband,
oceans between us.

Death makes ours a trade only fit for heroes
brave enough to bid all the world defiance,
brings together souls of the rarest temper,
hardy, ferocious.

Anne, mad Anne, the girl that I stole from Rackham,
know this now: however my death shall claim me
our last stand is all that my heart could wish for,
fighting together

back to back on deck in the vivid sunlight.
Let the boarders come; we'll display no mercy.
If this is the price of a pirate's freedom,
gladly I'll pay it!

# Mary Read

*Traduzione di Fabiana De Pietro, Angelica Spiewak*
*e Simona Tranfaglia*

Baciami Anne: l'ardore della tua bocca riaccende
fuoco e speranza. All'inferno con i nostri vili compagni,
proprio come pirati-cacciatori ci hanno trovato e catturato,
ubriachi e inutili!

L'impiccagione non mi spaventa affatto, ma perdere
te mi inorridisce, Anne. Eppure non cambierei nulla
se avessi il potere di abolire le leggi che ci
condannano alla forca.

Perché, penso, se non per il cappio, gli oceani
sarebbero soffocati da timorosi furfanti come l'Inghilterra.
Le navi mercantili si nasconderebbero nei porti e i pirati
si dispererebbero per un'occupazione.

Non ci saremmo mai incontrate: starei ancora combattendo
per Re Giorgio nelle Fiandre, il mio sesso inaudito,
tu sposa incatenata ad un marito-marinaio,
oceani tra di noi.

La morte rende il nostro mestiere adatto solo agli eroi,
coraggiosi abbastanza da resistere a tutto lo sprezzo del mondo,
unisce le anime dal temperamento più raro,
resistente, feroce.

Anne, pazza Anne, la ragazza che ho rubato da Rackham,
ora sappi questo: in qualsiasi modo la morte mi chiamerà la nostra ultima
resistenza è tutto ciò che il mio cuore possa desiderare,
combattendo insieme

una affiaanco all'altra sul ponte nella vivida luce del sole.
Lasciamo salire i predatori; non avremo pietà
So questo è il prezzo per la libertà di un pirata,
Con piacere lo pagherò!

# A Cilician Pirate, 57BC
*Thomas Tyrrell*

You say you are a man of Rome,
Brought up among her schools?
That city on the seven hills,
Where Julius Caesar rules, they say,
Where mighty Caesar rules?

Your pardon, sir! We'll cut you loose
To make your own way home.
We've sworn we'll never lock away
A citizen of Rome, oh no,
Never a man of Rome.

A noble Roman once set sail
With a princely retinue,
And we boarded him and took his ship
And slaughtered all his crew, we did,
We slaughtered all the crew.

So haughty were his looks and speech,
Imperious yet handsome,
We saw at once that he was worth
A rich and golden ransom, yes,
A twenty talent ransom.

He laughed at our demands and said,
"You know not whom you hold.
For I will buy my liberty
With fifty talents in gold," he said,
Talents of purest gold.

Once freed, he hired himself a fleet
And sought us far and wide.

## Un pirata cilicio, 57 a.C.
*Traduzione di Fabiana De Pietro, Angelica Spiewak
e Simona Tranfaglia*

Dici di essere un uomo di Roma,
Educato nelle sue scuole?
Quella città sui sette colli,
Dove Giulio Cesare comanda, dicono,
Dove comanda il potente Cesare?

Chiedo venia, signore! Ti lasceremo libero
Di tornare a casa.
Abbiamo giurato di non imprigionare mai
Un cittadino di Roma, oh no,
Mai un uomo di Roma.

Un nobile romano una volta salpò
Con un seguito principesco,
E noi lo abbordammo e prendemmo la sua nave
E massacrammo l'intero suo equipaggio, lo facemmo,
Massacrammo l'intero equipaggio.

Così sprezzanti erano la sua immagine e le sue parole,
Arrogante ma di bell'aspetto,
Capimmo subito che valeva
Un ricco riscatto d'oro, sì,
Un riscatto di venti talenti.

Egli rise alle nostre pretese e disse,
"Non sapete chi state trattenendo.
Perché io comprerò la mia libertà
Con cinquanta talenti d'oro", disse,
Talenti di puro oro.

Una volta liberato, reclutò una flotta
E ci cercò in lungo e in largo.

My shipmates he took prisoner
And had them crucified, he did,
Throats slit and crucified.

We hold no Romans ransom now,
But swiftly set them free.
The sea, they claim, is their domain,
We drop them in the sea, we do,
Headfirst into the sea.

Your liberty is now restored,
Walk out along this plank.
Swim home to mighty Caesar's arms.
It's him you've got to thank, oh yes,
It's Caesar you should thank.

I miei compagni fece prigionieri
E li fece crocifiggere, lo fece,
Gole squarciate e crocifisse.

Non teniamo romani in ostaggio ora,
Ma rapidamente li liberiamo.
Il mare, affermano, è il loro dominio,
Li gettiamo in mare, lo facciamo,
A capofitto nel mare.

La tua libertà è ora ripristinata,
Vai via lungo quest'asse.
Nuota verso casa nelle braccia del potente Cesare.
È lui che devi ringraziare, oh si,
È Cesare che docresti ringraziare.

## The Strait-Jackets
*Pascale Petit*

I lay the suitcase on Father's bed
and unzip it slowly, gently.
Inside, packed in cloth strait-jackets
lie forty live hummingbirds
tied down in rows, each tiny head
cushioned on a swaddled body.
I feed them from a flask of sugar water,
inserting every bill into the pipette,
then unwind their bindings
so Father can see their changing colours
as they dart around his room.
They hover inches from his face
as if he's a flower, their humming
just audible above the oxygen recycler.
For the first time since I've arrived
he's breathing easily, the cannula
attached to his nostrils almost slips out.
I don't know how long we sit there
but when I next glance at his face
he's asleep, lights from their feathers
still playing on his eyelids and cheeks.
It takes me hours to catch them all
and wrap them in their strait-jackets.
I work quietly, he's in such
a deep sleep he doesn't wake once.

# Le camicie di forza

*Traduzione di Carmen De Rosa, Annamaria Guercio
e Antonella Pontecorvo*

Appoggio la valigia sul letto di mio padre
e l'apro lentamente, delicatamente.
All'interno, avvolti in camicie di forza di stoffa
giacciono quaranta colibrì vivi
legati in file, ogni piccola testa
adagiata su un corpo fasciato.
Li nutro con una boccetta di acqua zuccherata,
inserendo ogni becco dentro la pipetta,
poi sciolgo le loro cinghie
affinché mio padre possa vedere i loro colori cangianti
sfrecciare nella sua stanza.
Volano a pochi centimetri dal suo volto
come se fosse un fiore, il loro ronzio
appena percettibile nonostante il riciclatore di ossigeno.
Per la prima volta dal mio arrivo
sta respirando senza fatica, la cannula
attaccata alle sue narici quasi scivola via.
Non so da quanto tempo siamo qui
ma quando poi guardo il suo viso
è addormentato, i riflessi delle loro piume
ancora giocano sulle sue palpebre e guance.
Ci impiego ore ad acchiapparli tutti
e ad avvolgerli nelle loro camicie di forza.
Mi muovo silenziosamente, è in un così
profondo sonno da non svegliarsi mai.

## Amish on the Pier
*Richard Wilson Moss*

The wires always sing
In summer it is for the King
In fall for drum.
Young Amish girls meander on the pier
To look at early evening sea
All their long blue dresses rustling
Although there is starch in some.
In their excited whispers
Is the rush of eternal Spring
At dusk the ocean is dark rum
And the wires sing.

# Amish sul molo

*Traduzione di Serena Aliberti e Adriana Perna*

Le canne da pesca sempre risuonano
in estate per il Re
in autunno per il Tamburo.
Giovani Amish vagano sul molo
Per scrutare il mare del tardo pomeriggio
Con i loro lunghi e fruscianti vestiti blu
Sebbene alcuni particolarmente rigidi.
Nei loro sospiri eccitati
Per l'arrivo dell'eterna Primavera
Al crepuscolo l'oceano diventa rum bruno
E le canne da pesca risuonano.

## The Ride
*Richard Wilson Moss*

Held at the top of the ferris wheel
As another rider climbed on below
I watched an old woman three blocks away
Lighting candles in a window
Looking up at vigorous stars
Languishing earlier that day
I wondered how long up here
I would stay
Then it started again
And I rolled away.

# L'attrazione

*Traduzione di Serena Aliberti e Adriana Perna*

Fermo sulla cima della ruota panoramica
Mentre un altro saltava a bordo
Osservai un'anziana signora a tre isolati di distanza
Accedendo candele alla finestra
Alzando lo sguardo alle stelle vigorose
Addolorandosi ancora prima quel giorno
Mi domandai per quanto ancora qui
Sarei rimasto
Poi riprese a girare
E scivolai via.

## The Pear Tree
*John Eliot*

Two beautiful women
Linger for a moment

Beneath a pear tree
Exchange a word

Above them as vast
Is sky blue

How is colour described
As I see it or you

Not knowing the intimacy
Beneath the pear tree

## L'albero di pere
*Traduzione di Antonella Gambardella e Asia Troiano*

Due belle donne
Indugiano un istante

Be sotto un albero di pere
Si scambiano una parola

Sopra di loro vasto
È lo spazio blu

Come il colore è descritto
Come lo vedo io o tu

Non conoscendo l'intimità
Sotto l'albero di pere

# Evening all day
*John Eliot*

No sunset.
No sunrise.
No streaks of red
announce,
a beginning,
a dissolving.

Only a calotype
sepia silver crystal
sliding against
wire,
suspended, over
grey blue universe,
called, raindrop.

## Sera tutto il giorno
*Traduzione di Antonella Gambardella e Asia Troiano*


Nessuna sera
Nessun'aurora
Nessun bagliore rosso
annuncia,
un avviamento,
un dissolvimento.

Soltanto una calotipia
di cristallo argentato e seppiato
che scorre contro
un filo,
over sospeso, sopra
l'universo grigio blu,
chiamato, goccia di pioggia.

# Pandemic
*Carmine Giordano*

Every hand
is a third rail

Every breath
a Zyklon canister
waiting to spray

Every stranger
is strapped
with an explosive belt —

you must stay away

## Pandemia
*Traduzione di Francesca Berillo, Rossella Massa
e Virginia Solomita*

Ogni mano
è un cavo elettrico

Ogni respiro
una tanica di Zyklon
in attesa di schizzare

Ogni estraneo
è incastrato
in una cintura esplosiva –

tieniti a distanza

# Lost in Translation
*Carmine Giordano*

When I tell you
that I'm bleeding
that the shutter
panels slammed
my thumb hard
you don't know
anything about that
but the curls
and angles
of the vowels
and consonants
that ring
in the canyons
of your ears
you don't feel
anything about me
just some something
goes across
somewhere
away from here
from my blood
and my bruise
to some thing
some where
over there –
where you are

## Perso nella traduzione
*Traduzione di Francesca Berillo, Rossella Massa
e Virginia Solomita*

Quando ti dico
che sto sanguinando
che gli scuri
della finestra hanno schiacciato
il mio pollice con forza
tu non sai
niente di questo
ma le spirali
e gli angoli
delle vocali
e consonanti
che risuonano
nelle profondità
delle tue orecchie
tu non provi
me niente per me
solo quel qualcosa
che attraversa
qualche parte
lontano da qui
dal mio sangue
e dal mio livido
verso qualche cosa
da qualche parte
da quella parte –
where you are dove tu sei

# This morning
*Christopher Okemwa*

This morning I woke up
With a sense of loss
I found silence holding the four corners of my room
And a mystery
A sort of Muse
Playing in the light and in the darkness
Between the walls and empty spaces

I slipped down from my narrow bed
Quickly ransacked my suitcase for your photos
I couldn't find any
Scrolled down the screen of my phone
With nervous fingers
I didn't see one – my cheeks flashed white

Looking at the mirror on the wall
A bubbly curve formed at the corner of my mouth
My forehead became bright just like a sunny day
The evidence of desire
For a loved one back home

Now seated at the table
I sketch your body on a piece of paper
An imagination of the woman that I love
An expression within me
Of whom I know you have been to me

I pencil your thick lips, whiten your
Teeth, circle twin mounds on your chest
Dots your deep sensuous navel
I repeatedly scratch on the pupils of your eyes
Making them dilated, adds more pencil

## Questa mattina
*Traduzione di Roberta Limongi-Rizzuti, Antonietta Matarazzo, Emanuela Pagnozzi e Paola Stio*

Questa mattina mi sono svegliato
Con un senso di smarrimento
Ho visto il silenzio reggere i quattro angoli della mia stanza
E un mistero
Una sorta di Musa
Giocare nella luce e nell'oscurità
Tra le pareti e gli spazi vuoti

Sono scivolato giù dal letto stretto
In fretta ho setacciato la valigetta in cerca delle tue foto
Non ne ho trovate
Scorrendo lo schermo del telefono
Con dita tremolanti
Non ne ho vista una – le guance sbiancate all'improvviso

Guardando lo specchio alla parete
Una curva frizzante si è formata all'angolo della bocca
La mia fronte si è illuminata come un giorno di sole
L'evidenza del desiderio
Per un amato tornato a casa

Ora seduto al tavolo
Abbozzo il tuo corpo su un pezzo di carta
L'immagine della donna che amo
Un'espressione dentro di me
Di ciò che so sei per me

Traccio le tue labbra carnose, sbianco i tuoi
Denti, cerchio due collinette sul petto
Punteggio il profondo e sensuale ombelico
Graffio ripetutamente sulle pupille degli occhi
Dilatandoli, aggiungo più matita

On the cheeks to make them dazzling and bewitching
Shades the hair to make it glossy
Cleaves your forehead with two wrinkles
(You can't be young forever)
Gives a dark shade to your nose
A light colour to your chin
Then the neck of a swan to stabilize your head

I sit back to examine the finished work
My body twitches
I move my lips down
To kiss it
Suddenly I hear a loud sigh from a distance
A silent longing
A lusty act from a lover
With the utterance "l miss you, oh my dear love"

Sulle guance per renderle abbaglianti e ammalianti
Sfumo i capelli per renderli lucidi
Segno la fronte con due rughe
(Non puoi rimanere giovane per sempre)
Do una sfumatura scura al naso
Un colore chiaro al mento
Poi il collo di un cigno per sorreggere la testa

Mi allontano per esaminare il lavoro concluso
Il mio corpo si contrae
Avvicino le labbra
Per baciarlo
All'improvviso sento un forte sospiro in distanza
Un desiderio silenzioso
Un atto lussurioso da un amante
Che pronuncia "Mi manchi, amore mio"

# Sketching by the River
*Laurence McPartlin*

I am quiet – like a
loch flattened – whose
waters are content
to let the moon's ladder
reach down
and touch the surface
of her womb.
This is a new experience –
it's almost midnight –
but I'll sketch some more.
Leonard sings Suzanne and
other songs for me,
pouring out his heart.
This is a beautiful hunger
and I'm patient with
my pencil.
Unable to rush the passion
Within these walls.

## Disegnando in riva al fiume

*Traduzione di Carmen De Rosa, Annamaria Guercio
e Antonella Pontecorvo*

Sono quieto – come le calme acque
di un lago – la cui
superfice è lieta
di lasciare che la scala della luna
la raggiunga
e sfiori
il suo grembo.
Questa è una nuova sensazione –
è quasi mezzanotte –
ma disegnerò ancora un po'.
Leonard intona Suzanne ed
altre canzoni per me,
porgendomi le chiavi del suo cuore.
Questa è una fame magnifica
e ne sono succube con
la mia matita.
Incapace di placare la passione
Tra queste mura.

# The Wig Snatcher
*Thomas Tyrrell*

The boy in the wicker basket
rides the jolts of the porter's shoulder
practiced as a Mongul in the saddle.
Through a chink in the weaving he looks out
onto the surging bobbing sea of heads
that throng through Fleet Street. Scratch-bob wigs, perukes,
ramillies and bag-wigs drift by like jellyfish;
he makes his choice and snatches.

Astonished as a drag queen on the catwalk,
the victim's stately strut jerks to a standstill,
clapping his left hand to his ravished locks.
'Thief, thief!' bursts from his lips. He turns to see
a hundred anonymous baskets
moving briskly in different directions.

# Il ladro di parrucche
*Traduzione di Milena Ranaldo*


Il marmocchio nel cestino di vimini
scavalca la spalla sballottante del facchino
addestrato come un mongolo in sella.
Attraverso una fessura nell'intrecciatura sbircia
il crescente mare di teste a caschetto
che confluisce a Fleet Street. Parrucche a caschetto, parrucchini,
parrucche a coda e a borsa che ondeggiano come meduse;
decide e deruba.

Stupito come una drag queen in passerella,
il pavoneggiarsi maestoso del malcapitato si arresta,
battendo la mano sinistra sui suoi riccioli violati.
"Al ladro, Al ladro!" esplode dalle sue labbra. Si volta a vedere
un centinaio di anonimi cestini
muoversi rapidamente in varie direzioni.

# Wildflower
*Camille Barr*

The wind howled at it
The rain drenched
The sun blistered
Animals trampled

It dug in deeper
Emerged triumphantly
Spread its leaves of liberty
Beamed with resilient optimism

Defiant of destructive forces
Standing as the good example
The wildflower propagated
Freedom's never-ending will

## Fiore di campo

*Traduzione di Anna Maria Amendola,*
*Rosaria Giuliana Di Flora e Gaia Maiorano*

Il vento gli ululava
La pioggia lo infradiciava
Il sole lo soffocava
Gli animali lo calpestavano

Scavava profondamente
Affiorava trionfante
Spargeva libertà dalle sue foglie
Splendeva di ottimismo resiliente

Sprezzante delle forze distruttive
Eretto come il buon esempio
Il fiore di campo diffondeva
L'infinita voglia di libertà

## Messenger
*John Eliot*

4.10 a.m. I'm not looking for someone awake,
just saw you online, don't really know you. We met,
I found you cold. My wife tells me you are warm, kind;
maybe it was me, full of himself, il poeta,
the concert. Signed a lot of books that night in
late sun and beauty of small Italian town.
Now you, me, are both awake, afraid of the unknown.
Guns and terrorist belong somewhere else;
soldiers defend us, us against them.
But this. We lie separate in our beds in the dark, waiting.
The air we breathe may be deadly.
For me. For you. For those we love.
There is no reply. Are you the next victim?

## Messaggero
*Traduzione di Natasha Bruno, Giulia Criscuolo,*
*Sara Lettieri e Ilaria Pierro*

4.10 del mattino Non sto cercando qualcuno sveglio,
ti ho appena visto online, non ti conosco davvero. Ci siamo incontrati,
Ti ho trovato freddo. Mia moglie mi dice che sei affettuoso, gentile;
forse ero io, pieno di sé, il poeta,
il concerto. Ha firmato molti libri quella notte
tardo sole e bellezza della piccola città italiana.
Ora tu, io, siete entrambi svegli, spaventati dall'ignoto.
Le pistole e il terrorista appartengono a un altro posto;
i soldati ci difendono, noi contro di loro.
Ma questo. Giacciamo separati nei nostri letti al buio, in attesa.
L'aria che respiriamo può essere mortale.
Per me. Per te. Per coloro che amiamo.
Non c'è risposta. Sei la prossima vittima?

# Hymn to Mastectomy
*Chrys Salt*


Here's to the woman with one tit
who strips down to her puckered scars
and fronts the mirror – doesn't give a shit
for the pert double breasted 'Wonderbras'
sneaking a furtive gander
at her missing bit.

*'Poor lady,' they are thinking*
*'can her husband bear to touch her?*
*Will she ever dare to wear*
*that slinky low-cut sweater?'*

Here's to the woman with half a bust
who wears her lack of symmetry
with grace and moist with lust
offers a single nipple like a berry
to her lover's tongue.

Here's to the single-breasted ones
come home, victorious from their wars
wearing their wounds
as badges on the chests
of Amazons.

*'She ought to cover up*
*It's embarrassing, it's shocking*
*I'm sure she thinks she's very brave*
*but everybody's looking!'*

Here's to those wondrous affrontages
out on the scene in sauna, pool and gym
those who when whole were dying –
now less than whole
become themselves again.

## Inno alla mastectomia
*Traduzione di Antonio Annunziata, Angelo Biscotti e Chiara Santoro*

Brindiamo alla donna con una sola tetta
che fino alle sue cicatrici raggrinzite si spoglia
e difronte allo specchio – non gliene fotte niente
dell'impertinente due coppe 'Wonderbra'
dove l'occhio furtivo si intrufola
a cercare la sua parte.

*'Povera donna,' stanno pensando*
*'ha il coraggio suo marito di toccarla?*
*Oserà mai indossarla*
*quelll'attillata maglietta scollata?'*

Brindiamo alla donna con il seno a metà
che indossa la sua mancata simmetria
con grazia e bagnata di passionalità
offre il suo capezzolo come una bacca
alla lingua del suo amante.

Brindiamo alle donne con un seno solo
tornate a casa vittoriose dalle loro guerre
indossando le loro ferite
come i distintivi sui seni
delle Amazzoni.

*'Dovrebbe coprirsi*
*É imbarazzante, è scioccante*
*Pensa di essere coraggiosa, ne sono sicura _*
*ma tutti stanno guardando!'*

Brindiamo a quelle meravigliose sfrontate
in prima linea in sauna, piscina e palestra
quelle che quando erano intere stavano morendo –
ora, meno che intere,
ritornano ad essere sé stesse.

## An End to Roaming*
*Hedd Wyn*
*(Translated from the Welsh by Howard Huws)*

You loved to roam distant lands,
The countries beyond the sea,
Sometimes you'd return to your highland home,
And so light of heart you'd be.

We saw you awhile before you returned
To the war that makes the world quake,
Bearing the marks so dearly bought
For your country and bravery's sake.

The storm rages over Trawsfynydd's hills
After you, as if it would weep;
You, who with numberless battalions in France
Lie there in a dreamless sleep.

\* *Original Welsh version, page 137*

## Una fine al vagare *

*Traduzione di Francesca Berillo, Rossella Massa
e Virginia Solomita*

Amavi vagare per terre lontane,
I paesi al di là del mare,
A volte ritornavi al tuo casolare,
Ed eri così leggero di cuore.

Ti abbiamo visto per un po' prima che tornassi
Alla guerra che la terra fa tremare
Portando i segni costati cari
Per amore del tuo paese e del tuo valore.

La tempesta infuria sulle colline di Trawsfynydd
Dietro di te, come se stesse piangendo;
Tu, che con innumerevoli battaglioni in Francia
In un sonno senza sogni lì stai giacendo.

* *Versione originale in gallese, pagina 137*

## snow
*Jeremy Gluck*

i walked out with the dog
into the snow
and it blew into me
stuck to me
an angel
a weapon
sticking, like memory
falling into the ground and disappearing
like a dozen memories
i would not have believed could even be
remembered
and i saw myself as i was
and did not try to understand
but saw the snow falling
disappearing into the ground
like my mother
and felt her and the snowsuit around me
the blue snowsuit
felt that strange kind of pleasant pain
the sharpness gives
sun was a dull yellow circle
obscured as it blew across
and i tried to hold onto these words
felt them stick and knew them safe
and how i wished the children were there
to tell my story to
my story
that disappeared into the ground
with her
and i wished you were there
to tell
i don't know why

**neve**
*Traduzione di Edda Manzi, Antonella Moccia e Luisa Pepe*

sono uscito con il cane
nella neve
ha soffiato in me
e mi si è incastrato
un angelo
un'arma
dentro, come i ricordi
cadono al suolo e scompaiono
come una dozzina di ricordi
che non avrei creduto potessero mai essere
ricordati
e ho visto me stesso così come ero
e senza cercare di capire
guardavo la neve cadere
e scomparire al suolo
come mia madre
la sentì, come sentivo la tuta da neve addosso
la tuta da neve blu
sentì quello strano piacevole dolore
che trasmette la nitidezza
il sole era un cerchio giallo spento
oscurato come spazzato via
e provai ad aggrapparmi a queste parole
sentendole incastrate e sapendole al sicuro
e quanto ho desiderato che i bambini fossero lì
per raccontare loro la mia storia
la mia storia
che è scomparsa al suolo
con lei
e ho desiderato che tu fossi lì
per parlarti
non so perché

and it blew into me
alone again
"...alone in the snow, alone at school,
from that day to this a willing fool."
Ah, do you know how it blew into me?

ha soffiato in me
di nuovo solo
"…solo nella neve, solo a scuola,
da quel giorno ad oggi uno sciocco desideroso."
Ah, lo sai come ha soffiato in me?

# Stop Being Two
*Jeremy Gluck*

Yes, it's true
I am you
You are me
Stop being two
Now we are three
As the sky is blue
Through and through
The clouds are loud
To the sun
Now we are one
Seeming some
Really none

## Basta essere due
*Traduzione di Edda Manzi, Antonella Moccia e Luisa Pepe*

Sì, non è assurdo
Io sono te
Tu sei me
Basta essere due
Ora siamo tre
Come il cielo è azzurro
Incondizionatamente
Le nuvole sono rumorose
Per il sole
Ora siamo uno
Sembriamo qualcuno
In realtà siamo nessuno

## Survival
*Rachel Carney*

Her knots pull tighter as the day wears on.
She finds fine traces of him in the light,
and searches for some thought to lean upon.

Is it too soon to clean – just one day gone?
Her mind aches with the memory of that night.
Her knots pull tighter as the day wears on.

She wonders where to get her meaning from
and wrestles with her hope – a vacant fight –
and searches for some thought to lean upon.

The radio begins to play their song –
a surge of words that sound so plain and trite
(her knots pull tighter as the day wears on)

and so she turns it off, and then back on.
The silence afterwards is frail and white.
She searches for some thought to lean upon.

The day fades into grey, the cleaning's done.
Her grief won't go, the chords of pain stretch tight.
Her knots pull tighter as the day wears on.
She searches for some thought to lean upon.

## Sopravvivenza
*Traduzione di Gerardina Fruncillo, Simona Montepiano,
Virginia Vitale e Angelica Zottoli*

I suoi nodi si stringono più forte mentre il giorno
 trascorre lento.
Scorge esili tracce di lui nella luce,
e cerca un pensiero su cui fare affidamento.

Non è ancora tempo di riordinare – solo un giorno
 se n'è andato?
La sua mente si strugge al ricordo di quella notte.
I suoi nodi si stringono più forte mentre il giorno
 trascorre lento.

Si domanda dove trovare il suo senso intanto
e combatte con la speranza – una battaglia insignificante –
e cerca un pensiero su cui fare affidamento.

Alla radio la loro canzone sta suonando –
un'esplosione di parole che sembrano insulse e scontate
(i suoi nodi si stringono più forte mentre il giorno
 trascorre lento)

e quindi la spegne e quindi di nuovo riprende lenta.
Candido e delicato è il silenzio seguente.
Cerca un pensiero su cui fare affidamento.

Il giorno sfuma nel grigio, ormai ha riordinato.
La sua sofferenza non svanirà, accordi di dolore
 stridono forte.
I suoi nodi si stringono più forte mentre il giorno
 trascorre lento.
Cerca un pensiero su cui fare affidamento.

## Twenty-eight Meditations on Finding a Street Piano
*Catherine Edmunds*

Our young lives are changed by music and our small fingers struggle.

A piano turns up on a building site in Paris. Broken strings crash, the piano falls down drunk, it chuckles and hammers its strings

When I am weary, I play Haydn.

Do not ask how to play – go and find a proper teacher. Do violence, rip out the keys if you can't get it right. Fold your anger between the pages of Beethoven's Pathétique sonata.

Two dark tractors pass in a field, one is driven by a man called Chopin, the other by Rachmaninov. The chances of this happening are ridiculous.

A pale light reflects off brass pedals, burnished by years of use.

There is sawdust beneath the piano. If you listen closely, you can hear the woodworm boring away, finding their resonant frequency.

On top of the piano, a lovely piece of slate fashioned into an ashtray, but nobody's allowed to smoke any more. It rattles when Topper plays the Maple Leaf Rag. He calls it the Maple Teeth. We don't correct him, he has a temper.

There's a young girl standing twenty yards from the piano on Paddington station, yearning. She'll never move any closer.

## Ventotto meditazioni sul trovare un pianoforte per strada
*Traduzione di Elio Di Iorio, Davide Esposito e Ivan Romano*

Le nostre giovani vite sono mutate dalla musica e le nostre piccole dita si sfiancano.

Un pianoforte spunta in un cantiere di Parigi. Corde spezzate si schiantano, il piano cade ubriaco, ridacchia e batte le sue corde.

Quando sono sfinita, suono Haydn.

Non chiedere come si suona – va' e trovati un vero insegnante. Sii violento, tira via i tasti se non ci riesci. Piega la tua rabbia tra le pagine della Patetica di Beethoven.

Due trattori scuri passano in un campo, uno lo guida un uomo chiamato Chopin, l'altro Rachmaninov. Le probabilità che questo accada sono ridicole.

Una flebile luce se riflette sui pedali d'ottone, bruniti da anni d'uso.

C'è della segatura sotto il pianoforte. Se ascolti attentamente, puoi sentire il tarlo che lo perfora, alla ricerca della propria risonanza.

Sopra il pianoforte, una graziosa mattonella d'ardesia a mo' di posacenere, ma nessuno più ha il permesso di fumare. Tintinna quando Topper suona la Stangata. La chiama Stancata. Non lo correggiamo, ha un caratteraccio.

C'è una ragazzina a venti iarde dal pianoforte della stazione di Paddington, agognante. Non vi si avvicinerà mai.

The Prophet Bird sings out, late into the soft October night.

We leave the performance early, we don't want to hear the Scriabin. We are not strong enough.

There's a distant tapping on the road, the men are working, they have their sign up. We remember how we used to joke about umbrellas. The old piano had brackets for candles.

Middle C is opposite the keyhole, but I have mislaid the key

An avenue, dark and nameless, curtains drawn. Someone's playing scales, C sharp minor, badly. Their playing is uneven, the hands do not match, they should stop and do something else – climb a mountain, and pray to the gods of high places that they don't pick one where someone has left a piano.

We dare not go near the piano floor in Harrods. That place means death. It is peopled by ghosts. It no longer exists. The entrance is blocked by brambles.

Late in the summer the strange horses came, black-plumed, but instead of a coffin, Mozart's piano, dressed in black crepe.

I told my son about my father, how he played me to sleep with Schubert and Brahms, and now this is something my son does for me.

When the water runs into the bath, if you listen carefully, you can hear pianos running through the pipes.

You could build bridges or be a brain surgeon or play Beethoven. All are skilled jobs. There's only one you can still do when you're ninety-four

Reading music by candlelight makes it sound sweeter.

L'Uccello Profeta canta fino a tardi, nella dolce notte d'Ottobre.

Abbandoniamo lo spettacolo in anticipo, non vogliamo sentire Scriabin. Non siamo abbastanza forti.

C'è un picchiettio lontano per la strada gli uomini lavorano, hanno piazzato il loro cartello. Ci tornano in mente le nostre battute sugli ombrelli. Il vecchio pianoforte ha dei portacandele.

Il Do centrale è di fronte alla serratura, ma ho smarrito la chiave.

Un viale, buio e anonimo, tende tirate. Qualcuno suona le scale, Do diesis minore, malamente. Il suo suonare è incostante, le mani non vanno a tempo, dovrebbe fermarsi e fare qualcos'altro – scalare una montagna, e preghiamo gli dèi nel cielo che non ne scelga una dove qualcuno ha lasciato un pianoforte.

Non osiamo avvicinarci al reparto pianoforti di Harrods. Quel luogo è sinonimo di morte. È popolato da fantasmi. Non esiste più. L'entrata è sbarrata da rovi.

Sui finire dell'estate guinsero gli strani cavalli, con piume nere, ma invece di una bara, il pianoforte di Mozart, vestito di crespo nero.

Ho raccontato a mio figlio di mio padre, di come suonava Schubert e Brahms fino a farmi addormentare, e adesso è qualcosa che mio figlio fa per me.

Quando l'acqua scorre nella vasca da bagno, se ascolti con attenzione, puoi sentire dei pianoforti che scorrono per i tubi.

Potresti costruire ponti, o essere un neurochirurgo o suonare Beethoven. Tutti lavori che richiedono talento. Ce n'è solo uno che puoi fare a novantaquattro anni.

Leggere musica a lume di candela la fa sembrare più dolce.

And if a man should build a piano out of a quarter ton of Lego, and if the strings should be wound of fishing line, ay, what then?

The sound of cars passing in the wet, the swish-swish of their tyres, the soaking wet street piano, the boys laughing, trying to play Metallica.

Why doesn't he phone? Or am I playing too loudly. Has he phoned, and I didn't hear?

In the not too distant future, I will play in seven flats and the sonorities will be glorious, and you will fall in love with me.

This is a stupid way to die, crushed by a piano falling out of a Glasgow tenement window in a comedy short.

The piano is under an awning now, the people are talking about rain, the piano is sulking.

Someone puts a vase of peonies on the piano in memory of a suicide.

I sit down to play Chopin, the opus 25 Etudes. By the time I finish we are married and have ten children.

E se un uomo costruisse un pianoforte con tre quintali di Lego, e le corde fossero avvolte da lenza, ah, cosa accadrebbe?

Il suono delle auto che passano sul bagnato, lo splish-splosh dei loro pneumatici, il pianoforte di strada bagnato fradicio, i ragazzi ridono, cercando di suonare i Metallica.

Perché non mi chiama? O forse sto suonando troppo forte? Ha telefonato e non l'ho sentito?

In un futuro non troppo lontano, suonerò in sette bemolli e le sonorità saranno gloriose, e ti innamorerai di me.

Che modo stupido di morire, schiacciati da un pianoforte caduto da una finestra di un caseggiato di Glasgow in uno sketch comico.

Il pianoforte adesso è sotto una tenda da sole, le persone parlano della pioggia, il piano è imbronciato.

Qualcuno ha messo un vaso di peonie sul pianoforte in memoria di un suicidio.

Mi siedo e suono Chopin, gli Etudes Opus 25. Per quando avrò finito, saremo sposati e avremo dieci bambini.

# Looking for Alyson
*John Eliot*

Insecure only what is felt.
Last night is passion spent;
some drunk's empty pocket.

Out of control
me over you.
I thought you were for real
I thought you were for real.

I've begun again
reborn into different love.

Love is only the mistakes we make
learning to
love again.

Looking for Alyson.
Talking Lou Reed to
a junk.

Lonely house. Empty bedroom
your clothes need you here
sweat warming me
clinging to the bed we shared.

A time she smiled
my life was nearly complete.

Loneliness is a nightmare.
I call. Do you hear?

# Cercando Alyson

*Traduzione di Natasha Bruno, Giulia Criscuolo,
Sara Lettieri e Ilaria Pierro*

Incerta è solo l'emozione provata.
La scorsa notte è passione consumata;
la tasca vuota di un qualche ubriacone.

Fuori controllo
ho chiuso con te.
Pensavo fossi reale
pensavo fossi reale.

Ho iniziato di nuovo
rinato in un amore diverso.

Amore sono solo gli sbagli che facciamo
affinché impariamo ad
amare di nuovo.

Cercando Alyson.
Parlando di Lou Reed ad
un drogato.

Casa desolata. Camera vuota.
Di te hanno bisogno i tuoi vestiti,
il sudore riscaldandomi
impregna il letto da noi condiviso.

Un tempo in cui in lei c'era un sorriso
la mia vita era quasi un paradiso.

La solitudine mi dà tormenti.
Io ti chiamo. Tu mi senti?

# Death

*John Eliot*

"If I am taken
as I stand here
to plain crossed branches,
Naked Serpent hidden in my crown
listens to the wind that blows from across universe long ago.
Cold. Cold I feel a shiver,
tender as the touch of Eve, naked as Adam.
Limbs are a stark soul.
The Devil scares young and old."

Crowded Saturday street stands
Death;
shrouded stretched flesh
over bones.
Hollowed orbits
speak reflecting words
scattered around a grave.
Who is born
wanting to be a corpse?
Where is the body and life
blood wafer
and wine?

## Morte

*Traduzione di Natasha Bruno, Giulia Criscuolo,
Sara Lettieri e Ilaria Pierro*

"Potessi essere condotta
siccome sono qui
verso rami spogli e intersecati…
Un Nudo Serpente nascosto nella mia corona
ascolta il vento che da tempo nell'universo risuona.
Freddo. Io sento un brivido di freddo,
tenero come il tocco di Eva, nudo come Adamo.
I rami appaiono come spiriti desolati.
Il Male spaventa i giovani e i vecchi."

Di sabato sulla strada stretta sorge
la Morte;
avvolta ed estesa la carne
sopra le ossa.
Occhi infossati
esprimono parole riflesse
su una tomba disperse.
Chi è mai nato
chiedendo di essere in una salma tramutato?
Corpo e sangue dove sono finiti,
in ostia e vino
convertiti?

# He comes in the morning...
*Chrys Salt*

He comes in the morning
with skin soft as rabbits
kicking against my palm
with lickable, buttery toes.

By lunch, he's a storming
question-mark of 'what is its'
and 'whys' ad nauseam
and full-stops of heel-digging 'nos'

By afternoon he's bombing
the shed, 'bang-bang, you're dead',
bullets flying, and dad on the lawn
writhing in pantomime death-throes.

By tea, he's tearing away,
badged with after-shave,
two digits to the clock.
A puppy-man out in his gay dog clothes.

By evening he's leaving –
kit-bag packed with his favourite
mug, photos of girl and home,
desert boots, flap-jacks; a wind-up radio.

By nightfall, I'm praying –
down on my knees out of habit –
for anyone out there to come.

For Anyone Out there to come....

## Arriva al mattino...

*Traduzione di Antonio Annunziata, Angelo Biscotti e Chiara Santoro*

Arriva al mattino
con la pelle soffice come la neve
calciando contro il mio palmo
con le dita burrose e leccabili.

A pranzo, è un energico
punto interrogativo di 'questo cos'è'
e dei 'perché' fino allo stremo
e i punti dei 'no' cocciuti e instancabili.

Di pomeriggio bombarda
la baracca, 'bang-bang, beccato',
proiettili volanti, e papà sul prato
che si contorce agonizzante come un attore.

All'ora della merenda mostra,
col viso sporco di dopobarba,
il dito medio.
La faccia da bambino nelle vesti da seduttore.

Di sera parte –
zaino pronto con la sua tazza
preferita, foto della casa e della ragazza,
stivali da deserto, tramezzini; una radio portatile.

Al calar della notte, prego –
in ginocchio per abitudine –
per chiunque lì fuori arrivi.

Per chiunque lì fuori arrivi...

# Lost: Iraq 2003
*Chrys Salt*

There are no maps for poets in this country.
The compass finger, mindless on its post
will not direct us on this dangerous journey.
An unfamiliar landscape tells us we are lost.
Above the bramble and the rambling wood
the wheeling dragons search for bones
of luckless travellers who have misconstrued
the alien symbols on the milestones.
We have nowhere to go but where we are,
our options closed, the exit double locked.
We may not take direction from a star,
the stars are out and all the roads are blocked.
How can we dare this nightmare territory,
the shifting contours of the hills and coasts,
the gibberish signposts and the season's enmity?
What hand our touchstone in this land of ghosts?

## Smarrimento: Iraq 2003

*Traduzione di Antonio Annunziata, Angelo Biscotti
e Chiara Santoro*

Non ci sono mappe per poeti in questa nazione.
L'ago della bussola, piantato sul palo, senza senso
non ci guiderà in questo pericolosa spedizione.
Un paesaggio sconosciuto ci avverte dello smarrimento.
Al di sopra del bosco selvatico e spinoso
i draghi volteggianti alla ricerca di resti
di viaggiatori sfortunati che hanno frainteso
i simboli alieni sulle pietre miliari.
Non abbiamo un posto dove andare eccetto dove siamo,
nessuna opzione, l'uscita chiusa a doppia mandata.
Seguire la direzione di una stella non possiamo,
le stelle sono fuori ed ogni strada è bloccata.
Come possiamo sfidare questo territorio terribile,
i contorni mutevoli delle colline e delle coste,
l'ostilità della stagione e la segnaletica incomprensibile?
Come essere il faro in questa terra di anime morte?

# What would you say if you knew?
*Camille Barr*

What would you say
if these were the last
words to pass between
the last moments to share
before everything changed
take these moments with care
for there are things
that we cannot know
precious moments pass quickly
into the memories
of either regrets
or cherished times,
so take the time
bite the tongue
embrace the heart
leave it on a note
that will play
sweetly for many
years to come
for you may not
know this will be…
the end

## Cosa diresti se sapessi?
*Traduzione di Anna Maria Amendola,*
*Rosaria Giuliana Di Flora e Gaia Maiorano*

Cosa diresti
se queste fossero le ultime
parole degli
ultimi momenti da condividere
prima che ogni cosa cambi
abbi cura di questi momenti
perché ci sono cose
che non possiamo conoscere
i momenti preziosi diventano
in fretta ricordi
di rimpianti
o di gioiosi istanti,
per questo prendi il tuo tempo
morditi la lingua
afferra il cuore
lascialo su una nota
che suonerà
dolcemente per molti
anni a venire
perché potresti non
sapere che questa sarà…
la fine

# Eradication of absurd wealth
*Camille Barr*

Donate money to charity they chant
never a whisper of halting welfare to the wealthy
as an industry is created
must keep the hordes busy and pacified

Addictions rule in this domain
of 'false value systems'
blind to the deprivation of poverty
feeding a frenzy of over consumption

The game was rigged
rules made to manipulate
denial a fool's platitude
redistribution from a good day's work

Our dated fate to doom
all deceived by greed's green goblin
sold out, sold up
the master's whip is weakening

Now imagine another way
no, rather recalculate a new way
initiate the necessary
a collective power to sway

As the pendulum swings, times up
we are the value, the power and peaceful
discarding dysfunction
as the starving are fed on surplus
and the sick healed by good conscience

Eradicate what does not serve

## Sradicamento da una ricchezza paradossale
*Traduzione di Anna Maria Amendola,*
*Rosaria Giuliana Di Flora e Gaia Maiorano*

Donate i soldi in beneficenza, gridano in coro
mai un'obiezione per arrestare il benessere dei ricchi
come un'industria nata
per mantenere la folla buona e occupata

Le dipendenze regnano in questo dominio
di "sistemi di falsi valori"
cieco dinanzi alla privazione della povertà
alimenta una frenesia di consumo eccessivo

Il gioco è stato truccato
norme create per manipolare
la negazione è tipica di un pazzo
ridistribuzione da una buona giornata di lavoro

Il nostro datato destino alla rovina
tutto ingannato dall'avidità di verdi goblin
venduto, svenduto
la frusta del padrone si indebolisce

Ora immagina un altro modo
no, piuttosto ricalcola un nuovo modo
inizia dal necessario
un potere collettivo che influenzi

Quando il pendolo oscilla, tempo scaduto
noi siamo il valore, il potere e la pacifica
disfunzione distrutta
quando gli affamati sono sfamati con gli avanzi
e i malati sanati da buona coscienza

Elimina ciò che non serve

a matter of simple math
if you have too much
then I have not enough
take out greed
add in equality
the solution spreads out
an equal right to survive
a link between us and the mother that sustains us

Eradication of absurd poverty achieved

una semplice questione di calcolo
se tu hai troppo
allora io non ho abbastanza
metti via l'avidità
aggiungi in parti uguali
la soluzione verrà fuori
uno stesso diritto per sopravvivere
un legame tra noi e la madre che ci sorregge

Sradicamento da una povertà paradossale raggiunta

# Slave

*Anuradha Bhattacharyya*

Consciousness stumbles
Willy nilly on the knots;
A junk of new combinations
Pile on stacks;
An image betrays
My solitude;
I start pulling apart
Light into its constituents.

I am ground into
The machinery;
Passion pleads absence;
Each moth strikes
The wall and falls;
I read pages
Of possible meanings,
None appear right.

Spirit is rude;
Each bug is a mess
Between thumb and index;
There is no end.
Farcical strength
After all;
My most hated object:
That mock slave.

Possessive love
Is angry with me;
Those framed certificates
Laugh in irony;
Each larva grows
And flies away;
The last to fly
Is growing death.

## Schiavo

*Traduzione di Luca Pontillo, Federica Testa
e Michela Trerotola*

La coscienza s'imbatte
Volente nolente sui nodi;
Una robaccia di nuove combinazioni
Si ammucchiano sugli scaffali;
Un'immagine tradisce
La mia solitudine;
Inizio a smontare
La luce nei suoi pezzi.

Sono incappato
Nella macchina;
La passione implora l'assenza;
Ogni falena urta
Il muro e cade.
Leggo pagine
Di possibili significati,
Nessuno appare giusto.

Lo spirito è scortese;
Ogni insetto è un disastro
Tra il pollice e l'indice;
Non c'è fine.
Ridicola forza
Dopo tutto;
L'oggetto che più odio:
Quel finto schiavo.

Amore possessivo
È arrabbiato con me;
Quei certificati incorniciati
Ridono per ironia;
Ogni larva cresce
E vola via;
L'ultima a volare
Sta nutrendo la morte.

# Babysitting in the Crematorium*
*Menna Elfyn*

Such a strange place to be, little one,
a parked car on a Friday afternoon
in January, you and I claiming

this hour for ourselves. We have
a world full of fancies between our fingers,
each rattle-shake a shock,

till the sound brings a smile. And beyond us
is grief's aisle, a grave company
witness to the loved one, resting in peace.

Unlike us, then. We are unwounded,
but bound together with a sling, near
an endless earthbank.  See, how easily

the moles do it. Sweet hillocks
hillfort the earth. Parties in soil,
in sheer delight of their hidden lives,

these recyclers of air delving deeper and deeper,
digging on down to the bottom of things,
drawing out each life, rebreathing each breath.

Humanity does not have this gift.
Beauty for ashes is what brings us
to this hot spot. We were born for the smoke.

But for now, my little one, sleep gently.
How eternal each second when minding a child.
And our lives from now on? Quakegrass, lightning.

*\* Original version in Welsh, page 136*

## Ninna nanna nel crematorio*

*Traduzione di Gerardina Fruncillo, Simona Montepiano,*
*Virginia Vitale e Angelica Zottoli*

Che posto bizzarro in cui stare, piccina,
un'auto parcheggiata in un venerdì pomeriggio
di gennaio, tu ed io che chiediamo

quest'ora solo per noi. Abbiamo
un mondo pieno di fantasie tra le nostre dita,
ogni sonaglio agitato è uno spavento,

finché il suono ci strappa un sorriso. E oltre noi
c'è la navata dello strazio, un'impresa funebre
testimone della persona amata, che riposa in pace.

Non come noi, però. Noi siamo disgiunti,
ma tenuti insieme da una fascia, accanto
ad uno sconfinato ammasso di terra. Guarda, con che destrezza

fanno le talpe. Graziose collinette
fortini di terra. Sollazzano nel terriccio,
nella gioia assoluta delle loro vite nascoste,

questi riciclatori d'aria che esplorano,
scavando giù in fondo alle cose,
attirando ogni essere vivente, riprendendo fiato.

L'umanità non possiede questo dono.
Il fascino per le ceneri è ciò che ci conduce
a questo luogo rovente. Siamo nati per il fumo.

Ma per ora, mia piccina, riposa beata.
Quanto è eterno un secondo quando ti prendi cura di un bambino.
E le nostre vite d'ora in poi? Gramigna, fulmine.

*\* Versione originale in gallese, pagina 136*

# Soul Song
*Padmaja Iyengar-Paddy*

As each day
slips into another
Time flits past
meaninglessly
leaving a vacuum
of unfinished tasks
of unfulfilled duties

Like sand
Time slips through
the fingers
that have forgotten
to write
that have become
arthritic
blocking creativity
that have become
too stiff
to work freely
to draw images
with words

Time plays
strange games
Mind left with
benumbed thoughts
Heart emptied of
finer feelings
Body deprived of
free movement
Soul seems dead…

## La sonata dello spirito
*Traduzione di Milena Carifano, Miriana Covotta
e Samuele Falivene*

Mentre ogni giorno
scivola in un altro
Il tempo scorre
insensatamente
lasciando un vuoto
di compiti imperfetti
di doveri incompiuti

Come sabbia
Il tempo scivola tra
le dita
che hanno dimenticato
di scrivere
che sono diventate
arthritic artritiche
bloccando la creatività
che sono diventate
troppo indolenzite
per lavorare liberamente
per disegnare immagini
con le parole

Il tempo gioca
strani scherzi
La mente lasciata con
pensieri intorpiditi
Il cuore svuotato dalle
più fini emozioni
Il corpo privato di
libero movimento
Lo spirito sembra morto…

# Dew Drops
*Padmaja Iyengar-Paddy*

The dew drops
perched on a leaf
glitter in the light
of the morning hour
As day progresses
They evaporate
into thin air
To return next morning
as dew drops again
on another leaf…

The dew drops
are happy to sit
on any leaf
for a temporary perch
Always detached
ready to evaporate
to return soon on
another leaf
another day…

## Gocce di rugiada

*Traduzione di Milena Carifano, Miriana Covotta
e Samuele Falivene*

Le gocce di rugiada
appollaiate s'una foglia
risplendono alle prime luci
del mattino
Al procedere del giorno
Evaporano
nell'aria sottile
Per tornare il mattino seguente
di nuovo come gocce di rugiada
su un'altra foglia...

Le gocce di rugiada
sono felici di sedere
su qualsiasi foglia
per un trespolo fugace
Sempre distaccate
pronte ad evaporare
per tornare presto su
un'altra foglia
un altro giorno...

# Physics
*Richard Wilson Moss*

Dawn but the sun suffers
The tyranny of a cloud.
The pale moon remains triumphant.
Oak leaves suckle raindrops
The salt of last night's sweltering sky.
Inside all
The neutrons of atoms die
Their electrons fly away
Protons perish
Photons fold.
The thing that is held together
Is the thing that cannot hold.
Midday the sun has vanquished the moon.
The tips of feathers of restless robins
Are soft gold.
At dusk lunar resurrection
The sky is white wax and blood
The day is old.
The thing that is held together
Cannot hold

# Fisica
*Traduzione di Serena Aliberti e Adriana Perna*

È l'alba ma il sole subisce
La tirannia di una nuvola.
La pallida luna giace trionfante.
Foglie di quercia trasudano gocce di pioggia
Sale del cielo soffocante della notte passata.
In ciascuno
I neutroni di atomi muoiono
I loro elettroni volano via
I protoni periscono
I fotoni iniziano a cadere.
Ciò che resta unito
È ciò che non si può tratternere.
A mezzogiorno il sole si è disfatto della luna.
Le punte delle piume dei pettirossi irrequieti
Sono di un oro tenue.
Al ritorno del tramonto lunare
Il cielo è bianco cera e sangue
Il giorno sta per cadere.
Ciò che resta unito
Non si può trattenere.

## Two Seasons
*Richard Wilson Moss*

There is no Fall in Northern California
Or much of winter
Madrone and redwood and fir
Are always the same colors
The American and the Russian river
Carry no brown leaves to the sea
But what I find there
Is the autumn in me
Auburn and orange
Sun yellow and wine
Aster blue
And then I discover winter too.

# Le due stagioni
*Traduzione di Serena Aliberti e Adriana Perna*

Non c'è Autunno nella California del Nord
O gran parte dell'inverno
Il madrone e la sequoia e l'abete
Sono sempre degli stessi colori
Il fiume americano e quello russo
Al mare non trasportano foglie secche
Ma ciò che trovo lì
È l'autunno in me
Ramato e arancio
Giallo sole e rosso vino
Astro blu
E poi anche l'inverno scopro laggiù.

## The Potato Eaters
after Van Gogh

*David Cooke*

There's a room elsewhere that's brighter
where food appears as if from nowhere
on plates so fine you can shine a light
through them: a feast for the eyes
before the palate succumbs to slick
lubricious juices. While here
they'll have no truck with a dish
that's pimped and primped.

For as long as the earth provides
they know they will always survive
on what is dug from claggy acres.
For as long as the fire endures
and the pot hangs on a hook
they will gather quietly around
their table. They peel back the skins.
The soft white flesh blossoms.

# I mangiatori di patate
dopo Van Gogh

*Traduzione di Mario Allegretti, Federica Petrosino,
Alessio Sorrentino e Serena Urti*

Altrove c'è una stanza che è più luminosa
dove il cibo appare come dal nulla
su piatti tal fini da far luce
con essi: un banchetto per gli occhi
prima che il palato soccomba a unti
fluidi lubrici. Mentre qui
non hanno nulla a che fare con un piatto
acchittato e agghindato.

Fino a che la terra provvede
sanno che sopravvivranno sempre
di ciò che viene scavato da quei viscosi acri.
Fino a che il fuoco resiste
e il pentolino pende da un gancio
quieti si riuniranno attorno al
loro tavolo. Loro pelano le bucce.
La morbida bianca polpa fuoriesce.

## After Bruegel
*David Cooke*

The magpie on the gallows
has seen it all, but now
remembers nothing;

the bright beads
of his eyes swivelling
remorselessly

from one catastrophe
to another. And this
is what, so far,

has kept him alive
as he hops to a roadkill,
or swoops next

to a glut of carnage
in quiet fields where mist
has smothered

wisps of smoke,
the faint groans of horse
or trampled pikeman.

Untroubled by claims
that dynasties make,
he senses vaguely

that life is good,
as they do also
who dance beneath him,

## Dopo Bruegel

*Traduzione di Mario Allegretti, Federica Petrosino,
Alessio Sorrentino e Serena Urti*

La gazza ladra sulla forca
ha visto tutto, ma ora
non ricorda nulla;

le perle luminose
dei suoi occhi roteanti
spietatamente

da una catastrofe
ad un'altra. E questo
è ciò che, finora,

l'ha tenuta in vita
mentre salta su una carcassa,
o piomba accanto

i resti di un massacro
nei silenziosi campi dove la nebbia
ha soffocato

i fili di fumo,
i deboli gemiti di un cavallo
o il picchiere calpestato.

Imperturbata dalle pretese
delle dinastie,
ella intuisce vagamente

che la vita è bella,
così come fanno
coloro che danzano sotto di lei,

their day's work done,
seizing the moment
in a loose circle

of movement and song.
Uninvolved and unthreatened
the scavenger spares them

his briefest glance
before returning
to that wider view

of the valley
and mountains
his lofty perch affords him,

who soon will stretch
his wings and then,
unnoticed, sail away.

a lavoro concluso,
cogliendo l'attimo
in un cerchio sciolto

di movimento e canto.
Estranea e al sicuro
la saprofaga concede loro

un più rapido sguardo
prima di rivolgersi
a quella più ampia vista

della valle
e delle montagne
offerta dal suo alto trespolo,

e presto spiegherà
le sue ali per poi,
inosservata, prendere il volo.

# When the Curtain Falls
*Christopher Okemwa*

When the curtain falls and I the tragic hero exits the stage
Do not shut your eyes and clutch your cheeks in horror
As though I cease to be, as if I have suddenly become an ogre
It will be unnecessary such a dejection and such a wild rage

Just wake up every morn and peek through the bedroom window
There, a reincarnation! – I will be a goat in your animals' pen
Me-e-e-e! I will bleat, smile and express my feelings every morn
Our love will not be lost; it will continue between goat and widow

When the fire is gone, and all that remains is ember and ash
Do not suddenly cringe and turn cold and shiver and grouse
I will be back as a lizard and live on the walls of our house
We shall talk in secret with our love language being hush-hush

I will spread out every day in the morning to warm in the sun
Signal you with my tail and my torso in the sun's rays
These acts will bring to you memory of the good old days
How much we loved, hugged, kissed, and all we had done

When my eyelids close, limbs freeze and my body turn stiff
Do not panic, but tack me in gently, with passion and love
For I will be reborn – our cow will give birth to me as a calf
And it will utterly be unnecessary for you to mourn and grieve

In the enclosure, I will be couched on my haunches chewing cud
As you scoop dung and mud from the dank floor of the pen
I will be there joyfully smiling and staring at you now and then
Drooling at the mouth as a sign of love, kindness, desire and lust

When twilight catches up with me and I bear a red ribbon
Do not be overwhelmed by condolences from friends

## Quando cala il sipario

*Traduzione di Roberta Limongi-Rizzuti, Emanuela Pagnozzi,*
*Antonietta Matarazzo e Paola Stio*

Quando cala il sipario e io l'eroe tragico il palco avrò lasciato
Non chiudere gli occhi e non contrarre le guance in orrore
Come se cessassi di esistere, come se diventassi un orco
Non sarà necessario tale sconforto e tale dispiacere infuriato

Basta svegliarsi ogni dì e sbirciare dalla finestra della tua alcova
Ecco, una reincarnazione!- Sarò una capra nel tuo recinto
Me-e-e-e! Belerò, sorriderò ed esprimerò ogni dì il mio
  sentimento
Il nostro amore non sarà perduto; continuerà tra capra e
  vedova

Quando il fuoco sarà spento, e a rimanere saranno carbone e
  cenere
Non ti rannicchiare e infreddolire e rabbrividire e lamentare
Ritornerò come una lucertola sulle pareti del nostro focolare
Parleremo in segreto il nostro linguaggio di Venere

Ogni giorno mi sdraierò al mattino per riscaldarmi al sole
Ti farò cenno con la coda e il torso sotto i raggi luminosi
I miei gesti ti riporteranno indietro ai tempi gloriosi
Quanto ci siamo amati, abbracciati, baciati, e tutto quel che si
  vuole

Quando vedrai i miei occhi chiudersi, gli arti gelare e il corpo
  irrigidire
Non temere, ma lasciami dolcemente, con passione e amore
Perché rinascerò – la nostra mucca mi darà la vita come
  vitellino
E non ti servirà proprio a nulla piangere e soffrire

Nel recinto, sarò accovacciato sulle zampe ruminando

Tell them that it is not in death where everything ends
Then, one day, our hen's egg will crack – there, a chicken is born!

I'll be a hatchling and live in the chicken-run as part of your family
I will chirp and cackle when you throw pellets to me
To tell you that, though gone to the winds, I am back to be
And will always be and that death is only a pathetic fallacy

Mentre tu pulisci il letame e il fango dell'umido pavimento
Sarò lì a sorridere gioiosamente e a guardarti di tanto in tanto
E come segno di amore, gentilezza, desiderio e passione
  sbavando

Quando il crepuscolo mi raggiungerà e di un fiocco rosso sarò
  adornato
Non lasciarti sopraffare dalle condoglianze degli amici e dal
  lutto
Dì loro che non è nella morte che termina tutto
Poi, un giorno, l'uovo della nostra gallina si schiuderà – un
  pulcino è nato!

Sarò un cucciolo e nel pollaio come parte della famiglia vivrò
Cinguetterò e chioccerò quando mi lancerai il nutrimento per
  vivere
Per dirti che, anche se via col vento, sono tornato a esistere
E che la morte è solo un patetico inganno e io sempre esisterò

# Mr Kalashnikov regrets…
*Chrys Salt*

If he'd known then what he knows now
how many slaughtered innocents
how many orphaned, mutilated, lamed
how many in the hands of kids who kill
how many Governments would sell
his brain-child to immoral men
how many crooked fortunes made
insurgencies sustained, illegal trade
no place beyond its muzzle's ken.
Would he do now, what he did then…?

# I rimpianti di Mr Kalashnikov...
*Traduzione di Antonio Annunziata, Angelo Biscotti e Chiara Santoro*

Se avesse saputo allora quello che sa adesso
quanti innocenti massacrati
quanti orfani, mutilati, storpiati
quanti nelle mani di bambini soldato
quanti Governi venderebbero
la sua mente pura a uomini immorali
quante sorti avverse hanno causato
insurrezioni prolungate, traffico illecito
conosciuto in ogni luogo, finora.
Lo farebbe adesso, quello che ha fatto allora...?

## Write 'peace'...
to commemorate the 60th Anniversary of the Bombing of Hiroshima, August 6th, 1945

*Chrys Salt*

Write 'peace' on the wings of a Thousand White Cranes.
Light your lanterns,
set them adrift on the Seven Rivers of Hiroshima

Light them for those so charred their gender can't be named
their eyeballs guttering down their cheeks like candle-wax

Light your lanterns,
set them adrift on the Seven Rivers of Hiroshima

Light them for the flayed flesh of the disappeared
hanging in flags from flaming skeletons of oleander.

Light your lanterns,
set them adrift on the Seven Rivers of Hiroshima

Light them for children seared to bowel and bone under
the black rain who one by one stopped singing.

Write 'peace' on the wings of a Thousand White Cranes.
Light your lanterns,
set them adrift on the Seven Rivers of Hiroshima.


*(In memory of Sadako Sasaki)*

## Scrivete 'pace'...
per commemorare il 60° anniversario del bombardamento
di Hiroshima, 6 agosto 1945

*Traduzione di Milena Ranaldo e Daniela Volzone*

Scrivete 'pace' sulle ali di Mille Gru Bianche.
Luce alle lanterne,
lasciatele alla deriva dei Sette Fiumi di Hiroshima

Luce per coloro così carbonizzati nel genere da non potergli
 dare un nome
i loro bulbi oculari che sgocciolano sulle loro guance come
 cera di candela

Luce alle lanterne,
lasciatele alla deriva dei Sette Fiumi di Hiroshima

Luce per i corpi scuoiati degli scomparsi
issaticome stendardi da accesi scheletri d'oleandro.

Luce alle lanterne,
mandatele alla deriva dei Sette Fiumi di Hiroshima

Luce per i bambini con organi e ossa infuocatiche
sottola pioggia neraa unoa uno smettevano di cantare.

Scrivete 'pace' sulle ali di Mille Gru Bianchi.
Luce alle lanterne,
mandatele alla deriva sui Setti Fiumi di Hiroshima.


*(In memoria di Sadako Sasaki)*

## After the funeral
*John Eliot*

And then,
after the funeral;
quickly as the moment of death
itself;
someone in the bar,
at the wake,
laughs.

# Dopo il funerale
*Traduzione di Daniela Volzone*

E così,
dopo il funerale;
rapido come il momento della morte
stessa;
qualcuno al bar,
alla veglia,
ride.

## Y Glwyd
(yn dilyn y drychineb ym mhwll glo Gleision, 2011)
*Menna Elfyn*


Daw ambell ddydd fel bollt
yn atgof mai chwa dan ddrws
sydd rhyngom â byw.Ddoe,
glowyr dan ddaear yn trengi,
a minnau'n cofio geiriau cynnil
fy mam am reolwr y gwaith
a'r fforman yn cerdded trwy'r
pentre i'w chartre yn 1947.
 Y gwragedd yn gwylio o bob tu'r stryd ,
 i weld pa dŷ oedd eu cyrchfan.
Ond  gwyddai  mam-gu
 wrth glywed y giât yn cau
 beth oedd y gnoc a'r neges ddu.

Heddiw, meddyliaf am y ddwy:
mam-gu a mam;  deall yn well
fel y byddent yn cau allan pob sôn
ar deledu am ddamwain dan ddaear.
Cofient hwy am y glwyd yn cau.

A'r prynhawn yma, daw newydd
gan gyfaill o Delhi sy'n adrodd
am ddaeargryn Sikkim ac fel
y clywodd ei rhieni ei fwriad
yn Kolkata. O bell ac agos

mae clwydi'n cau ac agor,
pobl a'u byd ar ben , a'r byd
yn dod yn nes, yn tynnu arnom.
A phob chwiff o si, yn ddrwg
neu'n dda , yn murmur mai byw
trwy fyllt a wnawn, y rhai
sy'n cau, a'r rhai sy'n clwyfo.

Ac ar ddiwedd y dydd,
syllu'n hir ar y glwyd lonydd.
Hedd yn fendith am heddiw.
Am heddiw, cawsom hedd.

*(English version, page 18)*
*(Versione italiana, pagina 19)*

## Carco yn y Crem
*Menna Elfyn*

Fy mechan, lle rhyfedd i fod
ar b'nawn Gwener yn Ionawr—
mewn cerbyd stond gan haeru'r

awr inni ein hunain. Byd
llawn dychmygion sy rhwng ein dwylo,
pob rhuglyn yn syn o'i siglo

nes troi'r sain yn wên. Y tu draw in
mae eil i alar, mintai ddwys
yn dystion i un sy'n gorffwys.

Nid fel nyni. Dianafus ydym,
wedi ein rhwymo â gwregys, ger clawdd
nad oes terfyn iddi. Sbia, mor hawdd

yw ffordd gwahaddod. Twmpathau glân
yn gorseddu'r pridd. Partïon o bridd,
yn dathlu'n foddhaus eu heinioes gudd

y rhai sy'n twrio'n is ac yn is, lawr
i'r dyfnder pell wrth ail-fyw eu hanadl,
ailgylchwyr aer yn estyn pob hoedl.

Y rhin hon, nid yw'n eiddo i'r ddynolryw.
Harddwch at lwch yw'r hyn a'n dwg
i'r fangre boeth. Fe'n magwyd i'r mwg.
Ond yr awr hon, cwsg yn esmwyth fy 'mach i.
 Mor dragwyddol yw ennyd o warchod plentyn.
 Hyn dry weddill ein dyddiau yn fellt ar laswelltyn

*(English version, page 108)*
*(Versione italiana, pagina 109)*

## Gorffen Crwydro
*Hedd Wyn*

Ceraist ti grwydro gwledydd pellennig,
Y gwledydd sy'mhell tros y don;
Weithiau dychwelit i'th gartre mynyddig
A'th galon yn ysgafn a llon.

Gwelsom di ennyd cyn dychwel ohonot
I'r rhyfel sy'n crynu y byd;
Nodau y gwlatgar a'r beiddgar oedd ynot,
Y nodau sy'n costio mor ddrud.

Fe chwyth y corwynt tros fryniau Trawsfynyd
O'th ôl fel yn athrist ei gainc;
Tithau yng nghwmni'r fataliwn ddihysbydd
Sy'n cysgu'n ddifreuddwyd yn Ffrainc.

*(English version, page 76)*
*(Versione italiana, pagina 77)*

# The Poets

**Camille Barr** is an Australian poet, artist and musician and the author of two books, *Behind the Facade* (2017) and *Rise* (2019). Originally from Byron Bay, Barr currently lives in Torquay on the Surf Coast working under the title Sparrow Poetry where both poetry and art merge, and under the stage name The Last Folk Singer where poetry becomes music.

**Anuradha Bhattacharyya**, born in 1975, is an Indian writer of poetry and fiction. She writes in English. Her novel *One Word* was awarded Best Book of the Year 2016 by the Chandigarth Sahitya Akademi. She is associate professor of English in Post-Graduate Government College, Sector-11, Chandigarh.

**Rachel Carney** is a poet and PhD student based in Cardiff. Her poems, reviews and articles have been published in several magazines including the *New Welsh Review, Poetry Salzburg Review, Ink Sweat and Tears* and *Wales Arts Review*. One of her poems was shortlisted for the 2019 Bridport Prize. She blogs at www.createdtoread.com

**David Cooke** was born in the UK in 1953 to a family that comes from the West of Ireland. He won a Gregory Award in 1977, while still an undergraduate at Nottingham University. After publishing his first full poetry collection in 1984, he then wrote no poetry for two decades, during which time he was Head of Modern Languages in a large comprehensive school in Cleethorpes.

**Dónall Dempsey** was born in 1956 in the Curragh of Kildare, Ireland, and was Ireland's first Poet in Residence in a secondary school. Moving to London in the 1980s, he continued to be a prolific poet and became well-known on the London poetry scene. His poems were inspired by his work as a care-worker for the elderly and mentally infirm, his experiences as a London school-teacher.

**John Eliot** was born in the Midlands, UK, and now divides his time between France and Wales. John has been invited to festivals around Europe, including, France, Madeira, Wales and Italy. His most recent collection, a collaboration with four Italian students of English,

# I poeti

**Camille Barr** è una poetessa, artista e musicista australiana, autrice di due libri, *Behind the Facade* (2017) e *Rise* (2019). Originaria di Byron Bay, Barr vive attualmente a Torquay nella contea australiana di Surf Coast, dove lavora sotto il nome di Sparrow Poetry, coinvolgendo sia poesia che arte. Inoltre, sotto lo pseudonimo di The Last Folk Singer, Barr trasforma la poesia in musica.

**Anuradha Bhattacharyya**, nata nel 1975, è una scrittrice e poetessa indiana che scrive in inglese. Il suo romanzo *One Word* ha vinto il premio come Miglior libro dell'anno 2016 della Sahitya Akademi di Chandigarh. È una Ricercatrice in Lingua Inglese del Government College di Chandigarh, Settore 11.

**Rachel Carney** è una poetessa ed una dottoranda che vive a Cardiff. Le sue poesie, recensioni e articoli sono stati pubblicati in diverse riviste, tra cui *New Welsh Review*, *Poetry Salzburg Review*, *Ink Sweat and Tears* e *Wales Arts Review*. Una delle sue poesie è stata selezionata per il Bridport Prize del 2019. È autrice di un blog, consultabile all'indirizzo www.createdtoread.com.

**David Cooke** è nato nel Regno Unito nel 1953 da una famiglia originaria dell'Irlanda occidentale. Ha vinto un Gregory Award nel 1977, mentre era ancora uno studente alla Nottingham University. Dopo aver pubblicato la sua prima raccolta poetica nel 1984, ha smesso di scrivere poesia per vent'anni, durante i quali ha diretto il Dipartimento di Lingue Moderne in un grande istituto comprensivo a Cleethorpes.

**Dónall Dempsey** è nato nel 1956 nella pianura del Curragh a Kildare, in Irlanda. È stato il primo Poet in Residence in Irlanda, associato ad una scuola secondaria. Negli anni Ottanta si è trasferito a Londra e ha continuato a scrivere poesia, diventando conosciuto nell'ambiente poetico londinese. Le sue poesie sono ispirate dalle sue esperienze di badante per anziani e persone con disturbi psicologici e di insegnante nelle scuole di Londra.

**John Eliot** è nato nelle Midlands, Regno Unito, e attualmente vive

was launched at the 2020 Salerno Festival of Literature. John writes for the Welsh magazine *SWND* and Liberian journal *KWEE*, and presents an arts radio programme for *Radio SWND*.

**Catherine Edmunds** is a writer, artist, and fiddle player with an Irish folk/rock band. Her published works include poetry collections, novels, and a Holocaust memoir. She was the 2020 winner of the Robert Graves Poetry Prize, and has works in journals including *Aesthetica, Crannóg* and *Ambit*.

**Menna Elfyn** is an award-winning poet and playwright from Wales who writes in Welsh. Her work, which includes collections of poetry, children's novels, libretti, and plays for television and radio, has been translated into more than 20 languages and is studied in schools and universities. She is Emerita Professor of Poetry and Creative Writing at Trinity Saint David. She is also President of Wales PEN Cymru and campaigns for the free expression of writers worldwide.

**Carmine Giordano** is a retired English teacher and assistant principal, and the author of five poetry collections. He is associate editor of *Abalone Moon*, an online poetry magazine, and adjunct lecturer in English at Palm Beach State College. He won a Fulbright Award for Study in Italy in 1993.

**Jeremy Gluck** is an expatriate Canadian, UK-based meta-modernist intermedia artist, graduated MArts. His background is multidisciplinary, spanning writing, music – as a cult singer with renowned cult group The Barracudas and as part of the I Knew Buffalo Bill album considered a seminal classic in Italy – and art. His aspiration is to communicate visually so that the viewer is part of a unitive, experiential energy, merging space, place and meaning. He has exhibited in London, Sydney, and Swansea.

**Padmaja Iyengar-Paddy** is a poet, writer, editor and reviewer. She is an honorary literature advisor for the Cultural Centre of Vijayawada and Amaravati in Andhra Pradesh, an advisory panel member of the International Society for Intercultural Studies and Research in Kolkata, and editorial counsellor, India, for the *International Writers' Journal* of the USA.

tra il Galles e la Francia. John è stato invitato a diversi festival europei, tra cui Francia, Madera, Galles e Italia. La sua raccolta più recente, una collaborazione con quattro studenti italiani di lingua inglese, è stata presentata al Festival Salerno Letteratura nel 2020. John scrive per la rivista gallese *SWND* and la rivista liberiana *KWEE*. Presenta, inoltre, un programma radio sull'arte per *Radio SWND*.

**Catherine Edmunds** è una scrittrice, artista e violinista di una band folk/rock irlandese. Tra le sue opere pubblicate troviamo raccolte poetiche, romanzi e un memoir sull'Olocausto. Nel 2020 ha vinto il Robert Graves Poetry Prize. Lavora, inoltre, per diverse riviste, tra cui *Aesthetica*, *Crannóg* e *Ambit*.

**Menna Elfyn** viene dal Galles ed è una poetessa e drammaturga premiata che scrive in gallese. Le sue opere, che includono raccolte di poesie, romanzi per ragazzi, libretti e commedie per la televisione e la radio, sono state tradotte in più di venti lingue e vengono studiate nelle scuole e le università del Galles ed anche altrove. È Professoressa Emerita di Poesia e Scrittura Creativa all'Università Trinity Saint David. È anche Presidentessa del Wales PEN Cymru e si batte per la libertà d'espressione degli scrittori di tutto il mondo.

**Carmine Giordano** è un insegnante di inglese e vicepreside in pensione, autore di cinque raccolte di poesia. È redattore associato di *Abalone Moon*, una rivista di poesia online e docente a contratto di inglese al Palm Beach State College. Ha vinto un Fulbright Award per i suoi studi in Italia nel 1993.

**Jeremy Gluck** è un espatriato canadese che vive attualmente nel Regno Unito ed è un artista meta-modernista intermediale, laureato in Arte. La sua formazione è multidisciplinare, in quanto abbraccia scrittura, musica – come cantante del conosciuto gruppo The Barracudas e come partecipante a *I Knew Buffalo Bill*, album considerato un classico di grande influenza in Italia – e arte. L'artista aspira ad una comunicazione visuale in modo da coinvolgere lo spettatore in un'energia unitiva ed esperienziale, che fonde luogo, spazio e significato. Ha esposto a Londra, Sydney e Swansea.

**Laurence McPartlin** was born in Hartlepool, UK. After school he worked in the steelworks, before moving to Scotland and then Harrogate where he worked in hotel management. Finally he moved to Devon, South Hams where he has lived ever since. He loves playing the guitar, song writing and sketching.

**Christopher Okemwa** is a literature lecturer at Kisii University, Kenya. He has a PhD in performance poetry. He is the founder and director of Kistrech International Poetry Festival in Kenya.He has written eight books of poetry and been translated into 13 languages. He has also translated works of international poets from English to Swahili. He is the editor of four poetry anthologies. His novella, S*abina and the Mystery of the Ogre*, won the Canadian Burt Award for African Literature. He has written three children's books, two novels, four textbooks on oral literature and five folktales of the Abagusii people of Kenya.

**Pascale Petit** is a French-born British poet. She was born in Paris in 1953 and grew up in France and Wales. She trained as a sculptor at the UK's Royal College of Art and was a visual artist for the first part of her life. She has travelled widely, particularly in the Peruvian and Venezuelan Amazon.

**Chrys Salt** is a widely published poet and a 'happy performer' of her work. She has written four poetry collections and five pamphlet collections; she has performed in the USA, Canada, France, Germany, Finland, India and Australia. Her work has appeared in anthologies, magazines and journals worldwide, broadcast on radio and has been translated into several languages.

**Thomas Tyrrell** lives in Birmingham, UK, a disappointingly long distance from the sea – the domain of pirates that inspired his first collection, *The Poor Rogues Hang*. He has twice won the Terry Hetherington poetry award, contributes to the Lovecraftian poetry journal *Spectral Realms*, and regularly performs his own work at showcases, festivals and open mics. He has a PhD in English Literature from Cardiff University.

**Richard Wilson Moss** has been an active poet and writer since he was twelve, born and raised in Baltimore, Maryland, USA. Never

**Padmaja Iyengar-Paddy** è una poetessa, redattrice e recensitrice. È consulente letteraria onoraria per il Cultural Centre di Vijayawada e Amaravati in Andhra Pradesh, consulente membro della commissione dell'International Society for Intercultural Studies and Research a Kolkata e consulente di redazione in India per la rivista statunitense *International Writers' Journal*.

**Laurence McPartlin** è nato a Hartlepool, nel Regno Unito. Dopo gli studi ha lavorato nel settore dell'acciaieria, prima di trasferirsi in Scozia e in seguito a Harrogate, dove ha lavorato nella gestione degli alberghi. Infine, si è trasferito a Devon, nel distretto di South Hams, dove vive tuttora. Adora suonare la chitarra, scrivere canzoni e disegnare.

**Christopher Okemwa** è Professore di Letteratura alla Kisii University in Kenya. Ha un dottorato in poesia performativa ed è il fondatore e direttore del Kistrech International Poetry Festival in Kenya. Ha scritto otto libri di poesia ed è stato tradotto in tredici lingue. Ha anche tradotto opere di poeti internazionali dall'inglese allo Swahili. È il curatore di quattro antologie poetiche. La sua novella, *Sabina and the Mystery of the Ogre*, ha vinto il Canadian Burt Award for African Literature. Ha scritto tre libri per ragazzi, due romanzi, quattro libri di testo sulla letteratura orale e cinque fiabe popolari del popolo Abagusii del Kenya.

**Pascale Petit** è una poetessa britannica nata a Parigi nel 1953 e cresciuta in Francia e in Galles. Ha studiato scultura presso il Royal College of Art nel Regno Unito ed è stata un'artista visiva per la prima parte della sua vita. Ha viaggiato molto, in particolare nell'Amazzonia peruviana e venezuelana.

**Chrys Salt** è una poetessa ampiamente pubblicata e un'entusiasta performer delle sue poesie. Ha scritto quattro raccolte poetiche e cinque raccolte di pamphlet; si è esibita negli Stati Uniti, Canada, Francia, Germania, Finlandia, India e Australia. I suoi lavori sono apparsi in antologie e riviste in tutto il mondo e sono stati trasmessi in radio e tradotti in diverse lingue.

**Thomas Tyrrell** vive a Birmingham, nel Regno Unito, città tristemente distante dal mare, il regno dei pirati che ha ispirato la sua

caring much for public or private schools, Richard was basically home schooled, through lively discussions with his father around the family dining table. Richard is an avid reader, of science, history, and literature. Having lived and travelled across the lower forty-eight, Richard chooses never to stray too far from the Ocean, Rappahannock River or the Chesapeake Bay, nor from his wife, two adult children, grandchildren and extended family.

**Hedd Wyn** was from Meirionnydd, Wales, the son of a farmer and a very talented poet. He was called up to fight in the First World War. While in France he wrote an ode which was entered into the Welsh Eisteddfod of 1917. Hedd Wyn died just a few weeks before the Eisteddfod where he won the chair.

prima raccolta, *The Poor Rogues Hang*. Ha vinto per ben due volte il premio di poesia Terry Hetherington, contribuisce alla rivista poetica lovecraftiana *Spectral Realms* e si esibisce regolarmente a festival, esibizioni ed eventi open mic. Ha un dottorato in Letteratura Inglese presso l'Università di Cardiff.

**Richard Wilson Moss** è uno scrittore e poeta attivo da quando aveva dodici anni. È nato e cresciuto a Baltimora, nello stato del Maryland, Stati Uniti. Non ha mai badato molto alla scuola, pubblica o privata che sia e, infatti, ha studiato a casa, grazie alle animate conversazioni con suo padre intorno al tavolo di famiglia. Richard è un avido lettore di scienza, storia e letteratura. Avendo vissuto e viaggiato negli Stati Uniti Continentali, Richard preferisce non allontanarsi mai troppo dall'Oceano, il fiume Rappahannock o la baia di Chesapeake, e nemmeno da sua moglie, i suoi due figli, i nipoti e la famiglia allargata.

**Hedd Wyn** era di Meirionnydd, Galles, ed era un poeta molto talentuoso, di origini contadine. Fu chiamato a combattere nella Prima guerra mondiale e, mentre era in Francia, scrisse un'ode che fu ammessa al famoso Festival della letteratura gallese Eisteddfod nel 1917. Hedd Wyn morì appena qualche settimana prima dell'Eisteddfod, in cui si era aggiudicato, come da tradizione per i vincitori, la sedia del bardo.

# Acknowledgements

The publisher gratefully acknowledges the poets' permission to reproduce their work from the following books and sources:

**Barr, Camille**: 'Wildflower' in *Rise* (2019); 'What would you say if you knew?' and 'Eradication of absurd wealth' in *Behind the facade* (2017). Website: sparrowpoetry.com.au

**Bhattacharyya, Anuradha**: 'Captive Without Bars' and 'Slaves' in *Knots* (2012). Website: anuradhabhattacharyya.blogspot.com/

**Carney, Rachel**: 'Self Portrait as a Wreck' in *The Lampeter Review* (Issue 17, 2019); 'Survival' in *Acumen* (Issue 94, 2019).

**Cooke, David**: 'After Bruegel' in *A Murmuration* (2015); 'The Dresser' and 'The Potato Eaters' in *Reel to Reel* (2019); 'For My Grandfather' in *After Hours* (2017).

**Dempsey, Dónall**: 'At night' in manuscript. Website: donalldempsey.weebly.com/

**Edmunds, Catherine**: 'Twenty-eight Meditations on Finding a Street Piano' and 'How to Win at Kings Cross' in *How to Win at Kings Cross* (2018); 'Exposed Limestone Pavement' in manuscript.

**Elfyn, Menna:** 'The Gate' and 'Babysitting in the Crematorium' in *Murmur* (2012). Website: mennaelfyn.co.uk

**Eliot, John**: 'After the Funeral' in *'Ssh* (2014); 'Evening All Day' and 'The Pear Tree' in *Don't Go* (2016); 'Looking for Alyson' and 'Death' in *Turn on the Dark* (2018); 'Bangla' and 'Messenger' in manuscript.

**Giordano, Carmine**: 'Lost in Translation' and 'Pandemic' in *Saving Daylight* (2021). Website: giordanopoems.com

# Ringraziamenti

L'editore esprime la sua gratitudine ai poeti per il consenso a riprodurre le loro opere tratte dai seguenti libri e fonti:

**Barr, Camille:** 'Wildflower' in *Rise* (2019); 'What would you say if you knew?' e 'Eradication of Absurd Wealth' in *Behind the facade* (2017). Sito web: sparrowpoetry.com.au

**Bhattacharyya, Anuradha:** 'Captive Without Bars' e 'Slaves' in *Knots* (2012). Sito web: anuradhabhattacharyya.blogspot.com/

**Carney, Rachel:** 'Self Portrait as a Wreck' in T*he Lampeter Review* (n. 17, 2019); 'Survival' in *Acumen* (n. 94, 2019).

**Cooke, David:** 'After Bruegel' in *A Murmuration* (2015); 'The Dresser' e 'The Potato Eaters' in *Reel to Reel* (2019); 'For My Grandfather' in *After Hours* (2017).

**Dempsey, Dónall:** 'At night' in manoscritto. Sito web: donalldempsey.weebly.com/

**Edmunds, Catherine:** 'Twenty-eight Meditations on Finding a Street Piano' e 'How to Win at Kings Cross' in *How to Win at Kings Cross* (2018); 'Exposed Limestone Pavement' in manoscritto.

**Elfyn, Menna:** 'The Gate' e 'Babysitting in the Crematorium' in *Murmur* (2012). Sito web: mennaelfyn.co.uk

**Eliot, John:** 'After the Funeral' in *'Ssh* (2014); 'Evening All Day' e 'The Pear Tree' in *Don't Go* (2016); 'Looking for Alyson' e 'Death' in *Turn on the Dark* (2018); 'Bangla' e 'Messenger' in manoscritto.

**Giordano, Carmine:** 'Lost in Translation' e 'Pandemic' in *Saving Daylight* (2021). Sito web: giordanopoems.com

**Gluck, Jeremy**: 'snow' and 'Stop Being Two' in manuscript. Website: axisweb.org/p/jeremygluck

**Iyengar-Paddy, Padmaja**: 'Journey...', 'Soul Song' and 'Dew Drops' in manuscript.

**McPartlin, Laurence**: 'Sketching by the River' in *Wake the Stars* (2019). Website: instagram.com/laurencemcpartlin5/

**Moss, Richard Wilson**: 'Amish on the Pier' in *Hurricane Sun* (2014); 'The Ride' in *In Woods at Night* (2019); 'Physics' in *Genesis* (2013); 'Two Seasons' in *Yuma* (2020). Website: facebook.com/Hopewell-BookShop

**Okemwa, Christopher**: 'I Love You Not as' and 'This morning' in *Love from Afro Catalonia* (2020); 'When the Curtain Falls' in *The Pieta* (2019). Website: okemwa.co.ke

**Petit, Pascale**: 'The Strait-Jacket' in *The Zoo Father* (Seren, 2001).

**Salt, Chrys**: 'Hymn to Mastectomy', 'Lost' and 'Write 'peace'...' in *Grass* (2012); 'He comes in the morning...' in *Home Front/Front Line* (2013); 'Mr Kalashnikov regrets...' in *Dancing on a Rock* (2015). Website: chryssalt.com

**Tyrrell, Thomas**: 'Of Mary Read' and 'A Cilician Pirate, 57BC' in *The Poor Rogues Hang* (2019); 'The Wig Snatcher' in manuscript. Website: foolgrowswise.com

**Wyn, Hedd**: 'An End to Roaming' (originally 'Gorffen crywdro' c. 1916) in *The Shepherd War Poet* (2017).

**Gluck, Jeremy**: 'snow' e 'Stop Being Two' in manoscritto. Sito web: axisweb.org/p/jeremygluck

**Iyengar-Paddy, Padmaja**: 'Journey...', 'Soul Song' e 'Dew Drops' in manoscritto.

**McPartlin, Laurence**: 'Sketching by the River' in *Wake the Stars* (2019). Sito web: instagram.com/laurencemcpartlin5/

**Moss, Richard Wilson**: 'Amish on the Pier' in *Hurricane Sun* (2014); 'The Ride' in *In Woods at Night* (2019); 'Physics' in *Genesis* (2013); 'Two Seasons' in *Yuma* (2020). Sito web: facebook.com/HopewellBookShop

**Okemwa, Christopher**: 'I Love You Not as' e 'This morning' in *Love from Afro Catalonia* (2020); 'When the Curtain Falls' in *The Pieta* (2019). Sito web: okemwa.co.ke

**Petit, Pascale**: 'The Strait-Jacket' in *The Zoo Father* (Seren, 2001).

**Salt, Chrys**: 'Hymn to Mastectomy', 'Lost' and 'Write 'peace'...' in *Grass* (2012); 'He Comes in the Morning...' in *Home Front/Front Line* (2013); 'Mr Kalashnikov regrets...' in *Dancing on a Rock* (2015). Sito web: chryssalt.com

**Tyrrell, Thomas**: 'Of Mary Read' e 'A Cilician Pirate, 57BC' in *The Poor Rogues Hang* (2019); 'The Wig Snatcher' in manoscritto. Sito web: foolgrowswise.com

**Wyn, Hedd**: 'An End to Roaming' (in origine 'Gorffen crywdro' ca. 1916) in *The Shepherd War Poet* (2017).

Ingram Content Group UK Ltd.
Milton Keynes UK
UKHW022226160323
418676UK00015B/561